AF525656

mandelbaum *verlag*

Anna Baar

ÜBER DOROTHEA ZEEMANN

mandelbaum *verlag*

Autorinnen feiern Autorinnen, Band 10

mandelbaum.at • mandelbaum.de

ISBN 978-3-99136-014-8

© mandelbaum verlag, wien • berlin 2023
Alle Rechte vorbehalten

Abdruck der Auszüge aus dem Werk von Dorothea Zeemann mit freundlicher Genehmigung von Dr. Florian Pauer.

Projektkoordination: ELKE SMODICS
Lektorat: SARA VAN DORDRECHT
Satz und Umschlag: KEVIN MITREGA, Schriftloesung
Umschlagfotos: © HEIDI HEIDE (Dorothea Zeemann),
© JOHANNES PUCH (Anna Baar)
Druck: PRIMERATE, Budapest

Inhalt

Dompteurinnen der Sprache

JULIA DANIELCZYK

Anna Baar schreibt über Dorothea Zeemann. Eine Autorin, auf deren Namensnennung »in den meisten Fällen ratloses Schulterzucken, ansonsten so gut wie immer der Hinweis auf das ›Skandalbuch‹«[1] folgt.

Die Zuschreibungen an Dorothea Zeemann sind zumeist entwertend. Die Autorin wird darauf reduziert, die Geliebte des »großen« Heimito von Doderer gewesen zu sein. Anna Baar desavouiert die vorgetäuschte Empörung einer Leser*innenschaft, der es in Wahrheit nur um den »Blick unter die Bettdecke« geht, wenn Dorothea Zeemann »Indiskretion« vorgeworfen und dabei »die verwundbarste Stelle einer von vornherein mit Schuld und Scham ringenden freigiebigen Autorin«[2] getroffen wird.

Wie keine andere Autorin ihrer Zeit schreibt die 1909 in Wien Geborene offen über den libidinösen weiblichen Körper, über Sexualität im Alter, wobei sie stets den »kulturimmanenten Sexismus« im Auge hat und reflektiert. Möglicherweise hat sie daher auch das Erscheinen ihres Kriminalromans *Uriel* hinausgezögert, in dem es um einen machtbesessenen, selbstzufriedenen, übergriffigen Universitätsprofessor geht, der renommiersüchtig und auf Wirkung bedacht ist.

Auf Wirkung bedacht: Das sind weder Dorothea Zeemann noch Anna Baar, deren Werke in der erzählerischen Kraft – aber auch als Zeitdokumente, allerdings literarisch keineswegs in ihrer Zeit verhaftet – umso wirksamer sind. Die Verbindung der beiden Literatinnen zeigt sich als ausgesprochener Glücksfall für das zehnte Jubiläum der Initiative *Autorinnen feiern Autorinnen*. Die jährliche Reihe macht die Biografie vergessener, von der Literaturgeschichtsschreibung vernachlässigter Schriftstellerinnen zum Thema. Ihr Werk wird von einer Autorin der Gegenwartsliteratur neu gelesen, im Rahmen eines Vortrags im renommierten und mit den Porträts aller Wiener Bürgermeister (ausnahmslos Männer) ausgestatteten Stadtsenatssitzungssaal des Rathauses spricht die Autorin dann über eine Wegbereiterin, mit dem Ziel, festgeschriebene Bewertungen aufzubrechen. Diese Festrede liegt hier als literarischer Essay vor – dafür sei dem Mandelbaum Verlag herzlich gedankt, der die Schriftenreihe in sein Programm aufgenommen hat und dafür sorgt, dass diese Bücher mit Bedacht, hervorragendem Lektorat und bemerkenswertem Feingefühl herausgebracht werden.

Äußere Anlässe, wie Geburtstage, Todestage oder Jubiläen, dienen eher der medialen Wahrnehmung und Berichterstattung und sollten als solche – vor allem in der inhaltlichen Auseinandersetzung – nicht allzu ernst genommen werden. Dennoch lassen sich aus einer gewissen zeitlichen Distanz betrachtet interessante und aufschlussreiche Erkenntnisse gewinnen.

Blickt man im Jahr 2023, dreißig Jahre nach Dorothea Zeemanns Tod auf ihr Werk, so muss man mit Bedauern feststellen, dass die meisten ihrer Bücher vergriffen sind. Ihr Name wird, wie bereits erwähnt, vor allem mit Heimito von Doderer in Verbindung gebracht. In dem 1982 erschienenen Buch *Jungfrau und Reptil* erzählt sie auch von der Liebesbeziehung zu ihm und gibt Einblick in den damaligen Literaturbetrieb, zwischen Konservativen und neue ästhetische Formen suchenden Linken.

Dorothea Zeemann schildert die politischen Grabenkämpfe zwischen reaktionären und avantgardistisch-experimentellen Schriftstellern, die allesamt Frauen als Künstlerinnen nicht ernst nahmen und zum Teil für das eigene Fortkommen und den Erfolg benutzten. So berichtet Zeemann, dass sie für Doderer Texte verfasste beziehungsweise unter seinem Namen publizierte. Ihr erscheint es als geradezu selbstverständlich, weil schlicht die Nennung seines Namens deutlich höhere Honorarzahlungen versprach. Dorothea Zeemann erzählt von patriarchalen Strukturen im Nachkriegsösterreich vor der Folie linker Diskurse, die zwar mit Karl Marx argumentierten, aber deren Verständnis von Antikapitalismus aus einem engen chauvinistischen Blick kam. Die Autorin durchschaut und reflektiert die Machtspiele, schreibt offen und unverblümt von ihrer Ehe mit dem akademischen Maler Rudolf Holzinger, der über lange Jahre eine Geliebte hatte, über ihren Gefährten, den Schriftsteller und Journalisten Walther Schneider[3], sowie über die parallel dazu geführte, mehrjährige Affäre mit Heimito von Doderer, der sie gezielt als »Spatz« bezeichnet, wenn er sie kleinmachen und sie auf »ihren Platz« verweisen will. Dorothea Zeemann durchschaut seine Erniedrigungsversuche, reflektiert bewusst seine Demütigungen, provoziert sie bisweilen und spielt ironisch mit.

Die eigene Begabung, ihre Fähigkeiten und literarische Arbeit betrachtet sie nicht nur ausgesprochen selbstkritisch, sondern stellt sie dauernd infrage, während sie den männlichen Kollegen den Geniebegriff aufoktroyiert. Aber kann alles so verstanden werden, wie es geschrieben ist? Welchen Wahrheitsanspruch haben die autobiografischen und autofiktionalen Texte?

Dorothea Zeemann beantwortet die Frage und Anna Baar greift sie am Ende ihres Essays auf und zitiert, dass man nicht alles, was sie schreibt, »für bare Münze«[4] nehmen solle. Auch sie lässt das »Fremde, das Faktische und das Fiktionale in einem Wimpernschlag verschmelzen. […] Alles ist in ihren Büchern gleich *und* gleichzeitig, nah *und* fern, vertraut *und* unvertraut, wahr *und* erfunden.«[5]

Wer aber ist das schreibende Ich? Das weibliche, scheinbar ohnmächtige Ich, das nicht die Ohnmacht als Ausrede für Anpassung verwendet, sondern höflich, respektvoll und einfühlsam das Werk der männlichen Schriftstellerkollegen schätzt. Wird ihre Kritik am ausschließlich von Männern dominierten Literaturbetrieb nicht gerade so deutlich genauer und der Blick auf die Wirkkraft von Literatur geschärft? Denn Dorothea Zeemann glaubt an die Macht der Worte, an weibliche Selbstermächtigung durch Schreiben und an die Kraft der Träume.

Sowohl in Anna Baars als auch in Dorothea Zeemanns Büchern finden sich keine hohlen Phrasen, keine Floskeln, da ist kein Wort zu viel. »Im Schweigen ist weniger Stummsein als in den gängigen Worten.«[6] Sie bewegen sich an der Grenze zwischen Traum und Wirklichkeit, zwischen Fakten und Fiktion, denn »am Ende trifft alles zu, gerade das Ausgedachte«.[7] Geradezu traumwandlerisch schreiben beide gegen schnelle Zuschreibungen, Kategorien und Repräsentanzen an, die den männlichen Schriftstellerkollegen oft und unbedacht Genialität und Welthaltigkeit attestieren.

Wie Zeemann verknüpft auch Anna Baar in ihren Texten politische Zustände und gesellschaftliche Verhältnisse mit dem privaten Leben, so etwa in ihrem Debütroman *Die Farbe des Granatapfels*, in dem sie vom Aufwachsen zwischen zwei einander verständnislos gegenüberstehenden Kulturen, der des ehemaligen Jugoslawiens und der Österreichs, Krieg und Frieden, Ausgrenzung, Liebe und Versöhnung erzählt.

Das Buch, in dem Katja Gasser Walter Benjamins Anspruch »einen Roman schreiben heißt, in der Darstellung des menschlichen Lebens das Inkommensurable auf die Spitze treiben«, realisiert sieht[8], handelt auch vom Fremdsein, im Sommer bei der antifaschistischen Partisaninnen-Großmutter auf einer dalmatischen Insel, den Großteil des Jahres in der

Kärntner Provinz. Traumwandlerisch sind ihre Suchbewegungen nach dem Ich, das immer als ein Ich in der Welt und nie im Literaturbetrieb reflektiert wird, denn das schreibende Ich existiert in den Geschichten, uneitel, nie kokettierend mit dem Erfolg. So zeigt sich auch Anna Baars Blick auf die Schriftstellerkollegin Dorothea Zeemann, der eben nicht um das eigene Ich kreist oder dieses über Umwege in den Mittelpunkt rückt, sondern direkt, mit offenem Blick und liebevollem Interesse die andere betrachtet.

Zu Beginn heißt es in diesem Band, dass das Duo Baar / Zeemann ein Glücksfall ist, ein besonderer sogar, denn hier treffen zwei Künstlerinnen aufeinander, denen es keineswegs um ihre Rolle im Literaturbetrieb geht, sondern um das Erzählen vom Leben zwischen den Kriegen, von Hunger und Not, von falscher Prüderie und verlogener Moral; und – ohne es explizit zu thematisieren – von Männern und Frauen.

Sie sind »Dompteurinnen der Sprache«, mit der sie sowohl Ängste als auch bedrohliche Gegenüber bannen. In ihrer Vorstellung erhalten konkrete wie vorgestellte Gefahren die Form von Reptilien, sie sind Totemtiere »zur Abwehr allen Übels«.[9]

Für Doderers scheinbare Übermacht und seinen Jähzorn findet Zeemann das Bild des Drachens. Geheimnisvoll-schön und bedrohlich zugleich schimmert er als Fantasiegestalt, als dämonisches Wesen in ihrer Vorstellung: »Der Drache wächst ins Ungeheuer und glänzt grüngoldig in seiner Märchenwelt.«[10]

Und auch Doderer hat ähnliche Strategien, sich Ängsten zu stellen. Mit »kleinen Reptilchen« begegnet er der Erinnerung an den – ebenso übermächtigen – Vater. Die ge- und erfundenen Bilder verbinden das Schriftstellerpaar. »Der Mann ist wie ein Drache, ein Reptil, der einen Vater hatte, der wie ein Adler war und die Familie tyrannisierte. Das ist ein Märchen für uns beide, die wir schon als Kinder, jeder für sich allein, [...] gefürchtet haben.«[11]

In Anna Baars Auseinandersetzung mit Dorothea Zeemann, mit einem Frauenleben, das ihr »fremd und vertraut ist«[12], assoziiert sie den Mut, die Haltung und das Schreiben der anderen mit einer unerschrockenen Tante: »Nichts konnte Hanni erschüttern. [...] Nicht einmal der Tod entging der Spöttelei dieser brillanten Dompteurin meiner kindlichen Ängste.«[13] Sie findet in der Welt der Fantasie Zuflucht und Stärke: »Mein Spiel ähnelt einem Tagtraum, der zum Naturzustand wird. Die fixe Idee, den Ausgang zu finden, einem Feind zu entgehen, die Furcht, es nicht durchzustehen.«[14] Und auch Anna Baar beschwört Fantasiewesen im Kampf mit den Dämonen, mit dem Reptil, dem »böse[n], verlogene[n] Tier«, das der »Liebe nicht wert«[15], aber auch Identifikationsfigur ist:

> »Noch in derselben Nacht kritzelt es [das Kind, Anm.] etwas hinein in der noch furchtsamen Erstklässlerschrift, belanglose Kinderworte, aus dem Instinkt geschöpft, gedankenlos hingeworfen, als simulierten sie, was es wirklich empfindet: *Ich bin das Krokodil.* [...] Trotz ihrer scheinbaren Trägheit sind Krokodile flink und geschickt, fantastische Lauerjäger. Schwimmend, nahezu unsichtbar, passen sie den Durstigen ab, zerren ihn unter Wasser, mit ihm ein Spiel zu treiben, das den tapfersten Zeugen entsetzt. An Land ist das Drachentier hilflos, eilt, sobald es Gefahr spürt, dem schützenden Mutterfluss zu. [...] Muss nicht der Mensch in der Raubtiergestalt die eigene Tücke sehen, die eigene Geilheit und Fressgier, den Anspruch auf ein Revier, die Bereitschaft, zu töten? Und ist es nicht immer das Eigene im Anderen, das uns am meisten entsetzt?«[16]

Das Kind, über das Baar schreibt, findet in der Fantasie die Möglichkeit für ein Ankommen, »das es im

Leben nicht gibt, das sich aber in der Kunst finden oder beschwören lässt«.[17] Selig schläft der Drache mit offenen Augen.

> »Ein einsames Krokodil! Heute noch sehe ich deutlich, was aus dem Becken ragte, den schuppig gepanzerten Rücken, die immer offenen Auge; und wenn mir das Wasser vorkam wie von dünner Eisschicht bedeckt, oder wenn ich das schöne Reptil in einem Schaufenster sah, als lebensechte Attrappe hinter dem echten Spiegelbild [...].«[18]

Der Traum erlaubt ein Entkommen aus dem »Käfig«, der das Wilde, Unbändige einsperrt, ohne dass es sich in Freiheit verbindet. Dieses Ungezähmte beschwört auch Anna Baar in ihrer Literatur: »Es ist mir egal, ob ich träumte, was ich erlebte, oder ob ich erlebte, was nur geträumt war. Mögen andere ihre Träume für minderwertig halten gegen das Tagesbewusstsein. Ich aber werde die Wirklichkeit so lange mit meinen Träumen betrügen, bis sie eifersüchtig die Schenkel vor mir spreizt und selbst zum Traum mutiert.«[19]

Von Krokodilen, Träumen und einer Geschichtenerfinderin schreibt Anna Baar in *Nil*, ihrem jüngsten Roman, dem Ursula März »tolle, übermütige, handfeste, wunderschöne Episoden« und einen Hang »zum exzentrischen Witz« bescheinigt: »Ich hab noch nie etwas so Tolles gelesen, dass und warum jede Fahrstuhlfahrt mit einem anderen Menschen beklemmend ist, egal, ob er sympathisch ist oder nicht.«[20] Anja Kümmel sieht in *Nil* »trotz seines bescheidenen Umfangs große Literatur« und »eine vielschichtige, beglückende Herausforderung«, die als »literarisches Vexierspiel an David Lynchs Kultfilme ›Mulholland Drive‹ oder ›Lost Highway‹ erinnert.«[21]

»Im Hintergrund oder im Untergrund des Buches rumoren [...] Fragen nach Wahrheit, Realität und nach Schöpfung. Kann Schreiben das Leben von anderen beeinflussen, oder das eigene gar?«[22] Anna Baars Geschichten verwandeln die Figuren, die Leser*innen, die Welt. Bedrohliche Drachen werden mit eben diesen gebannt, bis sie sich am Ende als bloße Attrappen entpuppen. Das Krokodil ist zwar nur ein Schwimmkrokodil und doch löst es Todesängste aus: »Er [der Bruder, Anm.] legte den Kopf vor das riesige Maul, zappelte mit den Beinen [...] und begann wie verrückt nach der Mutter zu schreien.«[23] »›Man kann nicht so tun, als sei das Erfundene harmlos‹, ist die schreckliche Erkenntnis, die es [das Kind, Anm.] mit ins Erwachsenenalter nimmt.«[24]

Die Fantasiewelt ist dennoch keine ungefährliche. »Bereits als Kind befällt das Erzähl-Ich eine große Angst vor der Macht der eigenen Fantasie: Peinigende Schuldgefühle suchen es heim, wenn etwa die Rachefantasien, die es in seinem Album notiert, so oder ähnlich in der Realität eintreffen.«[25]

Auch Anna Baars Roman *Als ob sie träumend gingen*, der Julia Kospach dazu bewog, die Schriftstellerin »zu den kühnsten Stimmen der neuen österreichischen Literatur«[26] zu zählen, beschreibt die Brüchigkeit der Grenze zwischen Realität und Traum, aber auch von der Courage und dem Blick auf jene – wie auch in vorliegendem Essay –, die keine Stimme (mehr) haben. Ihre »erfundenen Wahrheiten« sind unbedingt real. Bei der Begegnung mit Dorothea Zeemann führt sie Gespräche mit der Toten, die stärken, denn diese »›kämpfenden Frauen‹ vermögen noch das Bewusstsein der Gegenwart zu korrigieren und, über sie lesend, erscheinen sie uns als Zeitgenossinnen, bestärken und widersprechen uns«.[27]

In ihrem Essay zeigt sich Anna Baar also erneut als Schriftstellerin, »die nicht wegschauen oder weghören wird und nicht damit aufhören wird, dem privaten aber auch kollektiven Schrecken eine unglaubliche Fülle von Schönheit entgegenzustellen […]. Weil sie mutig ist – und eine Zweiflerin zugleich. Weil sie nicht ruhen wird, von unserer Zeit zu sprechen, und von jenem unsichtbaren Seil der Sprache, das die Verbindung zu den Toten und unserer Geschichte hält und somit ein Band des Lebens ist. Weil sie nicht schweigen oder ausweichen wird. Weil sie an Träume glaubt.«[28]

Mit diesem unverbrüchlichen Glauben an die Macht der Worte, an die Kraft der Fantasie, an die Bezähmbarkeit der Ängste erweisen sich Dorothea Zeemann und Anna Baar als kongeniale Dompteurinnen der Sprache.

Anmerkungen

1 Anna Baar: »Ich würde das auch überleben.« Zur Schriftstellerin Dorothea Zeemann. Wien: Mandelbaum 2023, S. 76.

2 Ebd., S. 77.

3 Walther Schneider war u. a. Herausgeber eines Auswahlbandes von Otto Weininger.

4 Anna Baar: »Ich würde das auch überleben.« Zur Schriftstellerin Dorothea Zeemann, S. 90.

5 Stefan Gmünder: Laudatio auf Anna Baar, Verleihung des Großen Österreichischen Staatspreises 2022 am 25. 1. 2023.

6 Anna Baar: Nil. Göttingen: Wallstein 2021, S. 13.

7 Ebd.

8 Katja Gasser: Laudatio auf Anna Baar, Verleihung des Humbert-Fink-Preises am 7. 6. 2020.

9 Dorothea Zeemann: Jungfrau und Reptil, Frankfurt am Main: Suhrkamp 1982, S. 100.

10 Ebd., S. 60.

11 Ebd., S. 58.

12 Anna Baar: »Ich würde das auch überleben.« Zur Schriftstellerin Dorothea Zeemann, S. 79.

13 Ebd.

14 Anna Baar: Nil, S. 27.

15 Ebd., S. 70.

16 Ebd., S. 19.

17 Stefan Gmünder: Laudatio, 25. 1. 2023.

18 Anna Baar: Nil, S. 15.

19 Ebd., S. 21.

20 Ursula März bei März & Moritz, Veranstaltung im Literaturhaus Hamburg, 27. 5. 2021.

21 Anja Kümmel: Anna Baars vielschichtiger Roman »Nil«: Ich ist ein Krokodil. In: Tagesspiegel, 24. 5. 2021, tagesspiegel.de.

22 Stefan Gmünder: Laudatio, 25. 1. 2023.

23 Anna Baar: Nil, S. 69.

24 Anja Kümmel: Anna Baars vielschichtiger Roman »Nil«: Ich ist ein Krokodil.

25 Ebd.

26 Julia Kospach in: Welt der Frau, 11/2017.

27 Peter Roessler: Über Eva Geber und Richard Schuberth. Anlässlich der Verleihung des Theodor-Kramer-Preises 2021. In: Zwischenwelt. Heft Nr. 4, 38. Jg., 2021, S. 11–13.

28 Stefan Gmünder: Laudatio, 25. 1. 2023.

»Ich würde das auch überleben.«

»Aber nur die Mörder, die Ermordeten und die Widerstandskämpfer, die Träger des vollen Risikos sind Figuren mit Konturen, und sie leben. Wir anderen sind unmöglich. Die Nachforschung, wie diese Unmöglichkeit von den immer weniger werdenden Zeitgenossen gemeistert wird, ist peinlich und verletzt die Scham.«

Dorothea Zeemann: *Jungfrau und Reptil*

Man soll weder das Gesagte noch das bekanntermaßen aus dem Gedächtnis Geschriebene als Abguss der Wirklichkeit sehen, aber als Möglichkeit, wie es gewesen sein könnte. Dorothea Zeemann schert sich nicht um Schablonen, setzt dem eigenen Eindruck kein Korrektiv entgegen – vielleicht, um ihn nicht zu schwächen. Erleben, Erinnern und Schreiben gelangen auch bei ihr nie uneingeschränkt zur Deckung.

Mir kommt es darauf an, aus Büchern und Selbstauskünften ein Bild zusammenzusetzen, das ihr als Selfie gefiele. Nicht über sie gilt es zu schreiben, aber zu ihr hin. So bleibt es ihre Geschichte, wiewohl sie meinte, sie wisse ihre Bücher lieber nicht wörtlich verstanden oder auf sich bezogen, weil ihr das peinlich sei.

Wo es peinlich wird, ist man sich oft am nächsten.

Anna Baar

Wien, im Frühjahr 2023

Spurenversuche

Es ist Krieg in Europa. Die Meldungen zum Tag: Situationsschilderung aus einem Flüchtlingslager. Russland steht vor den ersten freien Parlamentswahlen. Weitere Themen heute: Die heiße Spur nach Deutschland in Sachen Briefbombenserie. Es soll Verbindungen geben zur Neonaziszene, entsprechende Zeugenaussagen. FPÖ-Bundesparteitag: »Inländerfreundlichkeit« lautet das neue Schlagwort. Persönliche Freiheit, sagt FPÖ-Chef Jörg Haider, habe dort ihre Grenzen, wo die des anderen beeinträchtigt werde. Es folgt die Kultur im *Mittagsjournal* mit Herbert Dobrovolny. Und ein längerer Nachruf von Günter Kaindlstorfer auf Dorothea Zeemann. Man schreibt den 11. Dezember 1993.[1]

Dreißig Jahre später. Dorothea Zeemann ist »derzeit nicht verfügbar« und »derzeit nicht auf Lager«, ihre Bücher sind heute zum Großteil vergriffen. Einige bekommt man nur noch antiquarisch – Mängelexemplare, oft zu Liebhaberpreisen. Zu einer Lebensbeschreibung hat sich bisher, wie es scheint, noch niemand durchgerungen. Wie aber konnte eine, der freundlich nachzurufen dem Österreichischen Rundfunk mehrere Minuten bester Sendezeit wert war, so rasch ins Vergessen rücken? Ob man sich in ihr getäuscht hat – damals schon, oder heute? War ihr Ansehen auf Zeit gar nicht dem Schreiben geschuldet, sondern dem Naturell der freundlichen »Grand old Lady« der örtlichen »Künstlerszene«? War *die* Zeemann womöglich eine Art Wiener It-Girl, hauptsächlich dafür bekannt, in Kreisen zu verkehren, denen anzugehören zu ihrer Zeit als Verdienst galt?

Günter Kaindlstorfer sagte im Radionachruf, sie sei in der Literatur »keine ganz Große« gewesen – und schloss doch mit der Bemerkung, die heimische Kultur sei nun um eine originelle, bedeutende Persönlichkeit ärmer. Liebenswert sei sie gewesen, scheinbar immer fröhlich. Und ich wollte schwören, die Gemeinte zu kennen, als ich sie dieser Tage in einem Radioporträt anlässlich des Erscheinens ihres Romans *Eine Liebhaberin* zu ihrem achtzigsten Geburtstag munter plaudern hörte, in der vertrauten Mundart eingesessener Wiener, dieser charmanten Melange aus Eleganz und Direktheit. Mir schien zuweilen sogar, ihr begegnet zu sein in Gestalt jener anderen, die mir einst so lieb war und heute noch, wie keine andere, für mein Wiener Daheim steht. Dieses gewaltige Wien der, wie sie

André Heller einmal treffend nannte, »Küssdiehandmarionetten«, mein Taschenfeitlwean der gnädigen Damen und Herren, Grantscherm und Gschaftlhuawa, zauberisch im Glanz eines morbiden Dünkels und eines ererbten Genius, der immerzu unterschätzt wird: Hanni, die patente, bodenständige Tante aus dem sechsten Hieb – ein Ausbund an Mütterlichkeit, heiter und gebefreudig, obwohl sie nicht viel besaß und wenig zu lachen hatte.

Hörbild zur Literatur heißt der im Medienarchiv entdeckte Ö1-Beitrag, ein *Porträt der Dichterin*, ausgestrahlt im April 1989.[2] Mehr als vierzig Minuten dauert die Reminiszenz. Vorweg eingespielt: Eine Ansprache Göbbels an die *Volksgenossen* am Abend vor Adolf Hitlers allerletztem Geburtstag. Es folgt die Schriftstellerin im von Motorgeräuschen leise umrieselten O-Ton: Man habe sie ausgelacht, sagt sie. Schließlich sei auch sie an einem 20. April auf die Welt gekommen, als frühe Zangengeburt nach fünf Schwangerschaften, die alle glücklos blieben. Man habe die Ungeborenen durch Kraniotomie getötet, um die Mutter zu retten. Frauen als *Gebärmaschinen* – ein früher und bleibender Eindruck.

In *Eine Liebhaberin* geht Dorothea Zeemann an den Anfang zurück. Frühjahr 1909:

»Die Sonne lachte, und die Mutter lachte. Ich lag als Baby zwischen dem zärtlichen Paar. Sigmund Freud hätten die Umstände dieser frühen Kindheit entzückt. Damals verteidigte er seine Erkenntnisse von der Wichtigkeit des Leibeslebens gegen die Verlogenheit der Sitte. Ich weiß nicht, wie es kommt, dass ich mich so genau zu erinnern glaube an die Glätte und den Geruch der weichen Leinwand des Bettzeugs, an die Leiber der Eltern und an ihr Behagen.«

Das Aufwachsen in Erdberg nahe dem Donaukanal hatte sie zehn Jahre früher schon einmal bildreich beschrieben, in ihrem Erinnerungsbuch *Einübung in Katastrophen*. Bürger und Lohnarbeiter leben hier dicht beisammen. Beugt sich das Kind aus dem Fenster, kann es den Kirchplatz sehen und nebenan die Gasse, in der die *Menscher* wohnen. Die Kinder spielen *Blinde Kuh* und *Vater, leih ma d' Scher* oder *Tempelhupfen*.

In *Eine Liebhaberin* heißt es dazu weiter:

»Ich erinnere mich der Predigten von der Kanzel, die gedankenloses Glück madig machten, verwarfen, und mir wurde bald deutlich, dass sich die

> Eltern zur Hölle hinarbeiteten. Nachts waren sie ein Leib, und tags darauf stritten sie. Mutter sang gerne und laut, und Vater hielt sich die Ohren zu. Er trug im Bett eine Unterhose zum haarigen Oberkörper und beim Zeitunglesen einen Hut auf dem kahlen Kopf. Mutter stets Gold um den Hals und ums Handgelenk, ein blumiges Hemd und reichlich Haar, dessen Farbe wechselte. Es roch frisch und sauber in der gemütlichen Wohnung, hinter grünen Jalousien […].«

Man weiß der Armut zu trotzen. Die Mutter, Näherin für bemittelte Leute, schneidert der Tochter Kleider. Die Großmutter, angestellt in der k. u. k. Hofküche, zwackt Delikatessen ab und bringt sie mit nach Hause. Die beiden Frauen im Haus, erzählt Dorothea Zeemann, seien *energisch* gewesen, beinahe *präpotent*, beide glühende *Rote*. Figuren, die sie prägten. Der Vater blass dagegen. Das Kind wird gehätschelt, gefördert, früh entdeckt es das Lesen und allerhand Körperhaftes. Es nächtigt im Ehebett. Die Mutter drückt es an sich, das Spitzenhemd aufgeknöpft.

Fiebrig Aufgeschnapptes – ein Attentat, Kriegsgerede, die Uniform des Vaters, der irgendwann verschwindet – funkt ins Alltagsleben, ändert, kaum dass man es fasst, Launen und Perspektiven. Massen auf den Straßen. November 1918. Es folgt eine Ära der Hoffnung, geschöpft aus Chaos, Elend und abgeluchsten Genüssen. Die Großmutter bleibt in der Hofburg, kocht jetzt für Beamte. Was sie Tag für Tag abzweigt, reicht für die ganze Familie und ein paar Flüchtlingskinder aus der nächsten Umgebung.

Das junge Ich der Erzählerin fühlt sich hingezogen zu gefallenen Mädchen, Fremden und Strauchelnden. Die trinkende Tante erscheint ihm in ihrem Geächtetsein als heroisches Vorbild. Der Vater sitzt im Wirtshaus. Manche beweinen den Kaiser. Nichts bekommt man hier mit von den neuen Zerstreuungen im belebten Stadtkern mit seinen Leuchtreklamen, Bühnen und Kinopalästen. Die wahren Sensationen offenbaren sich ohnehin im Privaten. Ein Nachbarbub grapscht dem Mädchen während eines Spiels mehrmals zwischen die Beine. Ein einseitiges *Vergnügen* nennt es die Erzählerin, da seine Hose zubleibt. Der Katechet, wissbegierig, lockt sie nach der Beichte in seine Sakristei, um zu präsentieren, was er zu bieten hätte. Als sich das Kind bei der Mutter nach seiner *Geschwulst* erkundigt, macht die ein Geschrei in der Parteizentrale der Sozialdemokraten. Da muss es die Schule wechseln.

Die Überwindung der Scham wird zur Essenz der Geschichten der Dorothea Zeemann. Mit fünfzehn begegnet sie *Rudolf* – wie Fanny, ihr Ebenbild in *Einübung in Katastrophen*:

»An einem heißen Augustnachmittag saß Fanny auf gestapelten Baumstämmen am Ufer des Donaukanals und ließ die bestrumpften Beine übers räudige Gras baumeln. Darunter standen Tante Claras enge Stöckelschuhe. Vor ihr schwamm das Strombad über dem grünen Wasser und von drüben kam, schräg am Seil gehalten, langsam die Überfuhr. Fanny hielt ein Buch in der Hand, über dem sie träumte: Es hieß ›Halbtier‹ und war von Helene Böhlau. Von der ›tierischen Funktion des Gebärens‹ handelte es, und Fanny fand es denunzierend. So schrieb man nicht über poetische Sachen. Fanny trug ein weißes Kleid mit Röschen und sah sich selber zu, wie sie es immer tat. Heute fand sie sich *süß*, *lieblich* mit fliegendem frischgewaschenem Haar, eigentlich übermütig, gut gelaunt … und nun zur Tragik verpflichtet: ein *Weib, ein halbes Tier, eine Gebärmaschine*! *Das Geschlecht.* Ein *Verhängtes*! Eine Hand griff in ihr Haar und zog kräftig daran.«

Der *Leutnant*, zu dem sie aufsieht, ist zwölf Jahre älter. Rudolf Holzinger ist ein paar Jahre zuvor aus dem Schützengraben nahe Brody gekrochen. Versehen mit der *Kriegsmatura* verdingt er sich seit seiner Rückkehr als Reklamezeichner. Er will auf die Kunstakademie. Und er wird aufgenommen. Die Liebenden, unbehaust, bestechen den Portier, erhalten sonntags den Schlüssel zu einem kleinen Werkraum. Nach der Mittelschule bewirbt sich die junge Frau an der Psychiatrie des Wiener Allgemeinen Krankenhauses als Pflegeschülerin. Später wird sie von einer Freundin berichten, die Pflegerin werden wollte und, weil ihr dies verwehrt blieb, den Kopf in den Gasherd steckte. Sie habe ihre Berufswahl als *Vermächtnis* betrachtet. Ihr erster Eindruck auf der Krankenstation ist prägend:

> »Der Raum war durch Pfeiler geteilt wie ein Kirchenschiff, der Boden hell gekachelt, die hohen Fenster vergittert, und auch die Betten, die unregelmäßig herumstanden, waren vergittert. Die Menschen in diesen Käfigen, halbnackt oder nackt, krallten sich in die Seile, aus denen die Gitter geknüpft waren, und starrten mich an. Nicht alle. Manche schliefen in dem Lärm, den die anderen machten.«

In Rudolf Holzingers Akademie-Abendkursen lernt sie, Akte zu zeichnen. Das Peinliche daran sind ihr die unterernährten, ausgezehrten Leiber notleidender Frauen und Männer, die an den geforderten Posen und Verrenkungen allzu rasch ermüden. Hunger, Not und Krieg werde es immer geben, belehrt sie der Geliebte. Er wolle daher keine Kinder. Für die junge Frau hat dieses *Diktum* zur Folge,

> »dass ich ganz heimlich, ohne irgendeinem Menschen etwas zu sagen, mit einer ganz frühen Schwangerschaft zu einer Ärztin ging. Die war entsetzt über meine Jugend, plauderte ein bisschen mit mir und ließ mich am nächsten Tag nüchtern wiederkommen. Ich lag einen Tag lang in ihrem Bett und ging sehr niedergeschlagen nach Hause. Es kostete nichts, nur eine lebenslange Dankbarkeit.«

1929 heiratet das Paar. Wohl sei die freie Liebe zu der Zeit modern gewesen, gibt Dorothea Zeemann im Radioporträt zu bedenken, aber eine Wohnung habe es damals nur für Eheleute gegeben.

Trost eines gelebten Lebens

Der Wiener Freundeskreis der Schriftsteller, Maler und Denker, in den sie der Ehemann einführt, trifft sich größtenteils bei Eugenie Schwarzwald. Sie führt ein offenes Haus, fördert die Begabten, darunter Walther Schneider. Der junge Philosoph schärft Dorothea Zeemanns Bewusstsein und Widerstreben gegen den Austrofaschismus und stellt sie Egon Friedell vor. Zu dritt, berichtet sie fünfzig Jahre danach, ziehen sie in den Jahren 1936 bis 1938 fast täglich durch die Vorstadt *jenseits der Gürtellinie* von einem Beisl ins nächste: »Wir waren voller Angst: Hitler ante portas!« Aber das sei für Friedell nicht der Anlass gewesen, um die Häuser zu ziehen und billigen Fusel zu trinken, »das tat er schon seit langem«.[3]

Im Roman *Das Rapportbuch* zeichnet sie die Stimmung der Vorsturmzeit Jahre später als unheilschwere Ruhe:

»Österreich 1937! Es war da ein Herbst mit schönem und schlechtem Wetter, mit verfärbten Blättern, die der Wind über die Wasserfläche des Teiches im Wiener Stadtpark trieb, welche wie bestaubt aussah und moosig, so still lag sie da. Oder es regnete und war kalt an den frühen Abenden, und von den beleuchteten Schaufenstern rann das Wasser herunter, und es stand in großen Lachen im eingesunkenen Asphalt, den die Sonne im Sommer aufgeweicht hatte. In den Wohnungen wurden die ersten Feuer des Jahres entzündet, oder die Homunkuli standen in den Kellern und speisten die Ungetüme der Zentralheizungen mit Koks. Wer schon gelebt hatte, besaß Augen für die Landschaft der Straßen und Plätze, des Wienerwaldes und der Donauauen im Morgennebel und in der ausgebleichten Mittagssonne, für den Altweibersommer, der seine Fäden spann, und für die Kolporteure der Abendzeitungen, die einst bessere Tage gesehen hatten. […] Nun gab es nur noch ein Abschiednehmen. Leichter mit dem Trost eines gelebten Lebens, das einem niemand mehr rauben kann, aber unmöglich, in hektischer Hoffnung oder panischer Angst: nichts mehr könnte sich erfüllen als die böse Zeit.«

Egon Friedell, schreibt sie, sei Außenseiter geblieben, habe auf die geachtet, die ebenfalls außen standen: Sandler und Verkommene, Geächtete, Kriminelle. Und nicht aus Sentimentalität oder *Sozialromantik*, sondern um mitzuteilen: Auch ich bin ein *armer Teufel.*

Dorothea Zeemann scheut sich nicht davor, Träume auszustreuen auf dem dürren Boden einer Wirklichkeit, die oft nicht einmal das Notwendigste hergibt: die Sehnsucht nach Eleganz, den Wunsch nach neuen Schuhen. Rudolf Holzinger kann sich zu jener Zeit keine Leinwand leisten. Aber die junge Frau hungert nach Anerkennung, will Egon Fridell gefallen. Er erkennt ihr Talent, ermutigt sie, stiftet sie an, über Ottilie zu schreiben, Goethes Schwiegertochter. Der letzte Besuch beim Freund bleibt ihr frisch im Gedächtnis:

> »Friedells Arbeitszimmer – für mich ein Ort der Andacht. Zwischen Schreibtisch und Slibowitzfässchen, neben dem modischen Corbusier-Stuhl mit der Kalbslederbespannung, neben Möbeln aus den neunziger Jahren, neben der offenen Tür zur Bibliothek, stand der berühmte Mann im dunkelroten Schlafrock und stützte sich auf meine Schulter. Der Riese zitterte vor Angst. Walther Schneider ging auf und ab, elegant und manikürt, im grauen

> Flanell, eben der SS entronnen […]. Franz Theodor Csokor, neben mir, mit den üblichen Fettflecken auf dem Revers und ohne Hemdknöpfe, redete mit flatternder Krawatte vor dem Mund von Emigration: Ich reise ab, Egon, komm mit mir […]. Aber Friedell wiederholte seit Tagen: Ich mach nicht in die Hose, ich bin kein Emigrant, ich nehme den Mördern die Todsünde ab, ich sterbe, ich will sterben […]. Der Teuerste will aus dem Leben scheiden, und ich habe nur banale Versicherungen von Verehrung und Wertschätzung dagegenzusetzen und meine eigene Fassungslosigkeit: Wir lassen es nicht zu, nein, wir dulden das nicht, wir haben auch gar keinen Revolver und kein Gift. Wer bin ich, dass ich einem derart Hervorragenden gut zurede, auszureisen? Wie seine Argumente zerstreuen? Er fühlt solidarisch mit den Verfolgten, er gehört zu ihnen und will keinen Vorteil. Wer ist denn dieser Hitler gegen Egon Friedell?«[4]

Am nächsten Morgen springt er aus dem dritten Stock seiner Wohnung in Währing. Es ist Tag vier nach dem *Anschluss*. SA-Männer, heißt es später, hätten kurz zuvor bei ihm angeläutet.

Welt in Trümmern

An Rudolf Holzingers Seite erlebt Dorothea Zeemann den Ausbruch des Zweiten Weltkriegs zwischen Angst und Willkür, Ohnmacht, Trotz und Feigheit. Und wie um das Gleichgewicht im Notstand beizubehalten, wächst proportional zum Hass sehnsüchtiges Verlangen. In *Eine Liebhaberin* bekennt die Erzählerin ihren Wunsch, zu gebären, *während die Menschen krepierten.* Leidenschaft eskaliert zwischen Gewalt und Liebe – und nichts scheint mehr gewiss, als dass in beidem immer auch das andere anklingt: Unten auf der Straße schreit der Mob nach *Heil*, oben in der Wohnung betut sich ein Liebespaar im entsprechenden Rhythmus.

Dass sie und ihr Mann zuweilen nichts zu essen haben, beruhigt ihr schlechtes Gewissen in Anbetracht der Not der Erniedrigten, Gequälten und Gejagten. Gelegentlich fühlt sie Groll, weil sich die Juden nicht wehren, *bedrückt und gemieden herumgehen*, sie in Verlegenheit bringen, um *Appetit und Schlaf.* Hier spricht keine Heroine oder Moralistin, mehr eine heillos Verstrickte, in deren Seelenwinkeln tragisches Mitleid aufkeimt, sogar mit Adolf Hitler – seiner *Leidenschaften* und *Komplexe* wegen. Als ihre Mutter bei einem gemeinsamen Einkauf über den *Führer* lästert, steht sie beschämt daneben:

> »Ich stand neben dem Geschäft, als wäre meine Mutter eine Fremde. Ich wartete auf sie, wie man auf ein Kind wartet oder auf einen Hund, auf unvernünftige Wesen, die sich auf ihre Weise amüsieren, bellen, schnuppern, ihren Bedürfnissen nachgehen. Gönnerhaft lächelte ich ihr zu und begleitete sie nach Hause. ›Was willst du erreichen? Es ist sinnlos, sich aufzuregen.‹ ›Ja‹, sagte sie, ›findest du? Bist du ein Stein?‹ ›Fast glaub ich es. Ich schau dazu … Wie ein Pflasterstein. Ich bin feige.‹«[5]

Gnadenlos gegen sich selbst bekennt Dorothea Zeemann neben dem Mitgefühl für den Unheilsbringer die Eifersucht auf die Verfolgten:

> »Viele opferten, was sie besaßen, darstellten, die Sicherheit; sie erlitten Unrecht, sie gaben auf. Die Nullen blieben. Als Null kollerte ich in Hitlers Reich herum, für nichts gut, zu niemandem

gehörend. Glühenden Neid empfand ich für die Davongekommenen. Im Untergang, an dem ich vielfach gebrochen in komplizierter Weise beteiligt war, fand ich mich plötzlich als ein Mörder unter Mördern, weil die unfassbare Tatsache der Endlösung uns alle zu Komplizen machte.«[6]

Immer mehr Opferstöcke füllen sich mit großen Scheinen. Ob es Sühnegeld ist oder letzte Habe, die vor den neuen Herrschern, Mitläufern und Plünderern in Sicherheit gebracht wird, fragt sich die Erzählerin in *Einübung in Katastrophen*. Rudolf Holzinger profitiert eine Zeit lang, die Kirchenaufträge mehren sich. Altarbilder, Deckengemälde … Er arbeitet unentwegt – die wenige freie Zeit gehört einer jungen Geliebten.

Nur am Rande erfährt man vom Buchdebüt im Jahr 1941. Es handelt sich aber nicht um die von Egon Fridell angestoßene Arbeit über Ottilie von Goethe. Deren Publikation wurde vom frisch arisierten Zsolnay Verlag verworfen, da es nicht beliebte, wie hier eine junge Frau mit dem Einverständnis ihres weltberühmten greisen Schwiegervaters den eigenen Mann düpierte. Stattdessen steht am Beginn der schriftstellerischen Laufbahn eine *Jugenderzählung von wackeren Jungen und Mädchen*. Der Titel: *Signal aus den*

Bergen. Das Buch besingt die Gebirgswelt, Männerfreundschaft, Mut und altes deutsches Brauchtum. Es schmiegt sich an den Zeitgeist, wird aber kaum beachtet. Dora Holzinger, so nennt sich die Autorin, hat ohnehin andere Sorgen. Als Krankenschwester wird sie zum Kriegsnotdienst verpflichtet. Walther Schneider, der ihr nicht erst seit Holzingers Fremdgang verlässlich Gesellschaft leistet, wird als Soldat eingezogen. Den Stellungsbefehl für den Ehemann entsorgt sie in der Toilette.

Bald kreisen Bomber im Tiefflug über den Dächern Wiens. Die Oper wird getroffen. Die eigene Wohnung bebt. Türen springen aus den Angeln. Dorothea Zeemann nimmt es als Vergeltung für ihr gelinderes Schicksal: »Ich stand bei Luftangriffen am liebsten auf der Straße«, schreibt sie in ihrem Buch *Einübung in Katastrophen.* Einmal streift sie ein Brocken. Sie genießt es grimmig, denkt an das Unglück der Freunde:

> »Viktors Mutter war verschwunden, verschleppt, im Osten, umgebracht, sagte man. Ich setzte mich in eine Kirchenbank, um zu schlottern und zu schluchzen. Heidis Bruder war mit dem Flugzeug abgestürzt, von der eigenen Flak heruntergeschossen. Er kam ins Lazarett, körperlich gesund,

> aber mit total zerrüttetem Verstand. Er bebte bei jedem Geräusch und konnte nicht mehr allein sein.«[7]

Die Luftschutzkeller füllen sich mit den Ausgebombten, darunter ehemals reiche Leute, die rund um den Stephansplatz wohnten. Nach und nach kommen Juden aus ihren zerstörten Verstecken. Fürsorglich nimmt man sie auf, damit sie einst bezeugen, wie gut sie behandelt wurden. Die Welt draußen liegt in Trümmern: »Es pfiff und knallte, und Staub trieb in Wirbeln durch die Gassen, als wäre die Stadt eine Wüste«, schreibt Dorothea Zeemann in *Einübung in Katastrophen.* Tote liegen auf den Trottoirs und Plätzen, als sie mit ihrem Mann zu ihren Eltern flüchtet. Dort hisst man schon weiße Fahnen und schlachtet die Pferde aus, die in den Straßen verwesen.

Sühne und Erlösung

Als die Rote Armee durch die Gassen marschiert, ist Dorothea Zeemann reumütig und dankbar:

> »Endlich kam sie, die Strafe, die Rache. Es wurde noch scharf geschossen, als sie die alten Häuser nächst dem Donaukanal und die Pratergegend besetzten. Die kleinen Leute dort verbrüderten sich mit den fremden Soldaten, es gab gemeinsamen Kampf, gemeinsames Verstecken und keine Rache. [...] Wir fühlten uns tatsächlich befreit. Frei.«[8]

Die Russen trinken Wodka, einer dreht ihr *sanft* den Ehering vom Finger. Ein anderer fordert eine gottesfürchtige Alte, presst sie in einem Keller auf einen der Kohlensäcke. Die Alte schreit und winselt, den Rosenkranz in Händen. Die anderen hocken still auf dem feuchten Boden, müssen es mitansehen. Einmal mehr kollidieren Abscheu und Begierde. Lesende müssen durch, genauso ungesichert wie die stummen Zeugen: »Ich sah das Auf und Ab und hörte das Winseln.

Eiskalt, ohne Angst. Meine Schamlippen schwollen. Ich legte mich auf den Boden, und mir war nichts als heiß. Schöne heiße Wellen, und ich war so sehr bereit, dass keiner mich wollte.«[9]

Vor dem Hintergrund der Vergewaltigungsszene offenbart die Autorin ihr heftiges Verlangen, am eigenen Leib zu erfahren, ja sogar zu genießen, was das Opfer erleidet. Es ist diese unverstellte monströse Selbstentblößung, die einen vielleicht verstört, vielleicht sogar überfordert, allenfalls vom Wunsch angewandelt, der »Exhibitionistin« etwas überzuwerfen, ihr ins Gewissen zu reden, sich zusammenzureißen, sie vor sich selbst zu bergen, auch vorm eigenen Degout und dem der übrigen Schauer. Der Ekel vor solcher Lust ist heuchlerisch und entlarvend, bindet mehr Aufmerksamkeit als etwa das Entsetzen angesichts der Not des Vergewaltigungsopfers oder die Bestürzung angesichts der Gewalt des Täters. Dorothea Zeemann bricht zwar das Tabu auf dem eigenen Rücken, zwingt das Publikum aber durch scheinbare »Selbstbeschädigung« in einen moralischen Zwiespalt. Ob es am Ende nicht sein eigenes Richtmaß ist, das ihr den Schaden zufügt, den es ihr bescheinigt?

Das Schreiben auf Teufel komm raus zählt zu den größten Stärken der »unmöglichen« Autorin. Nie schlüpft sie aus ihrer Haut, um vor dem Leser zu glänzen, liefert sich ihm ans Messer, wo sie vor ihn breitet, was ist, aber nicht sein darf, sodass er es an ihr bekämpft, sooft er es in sich vermutet. Ungestalt kommt sie daher, mitunter verbockt und verbiestert – und der Beobachter ahnt, der Teufel, der rauskommen mag, sitzt ihm selbst im Nacken:

> »Mir ist es recht, dass es drunter und drüber geht und Ukrainer, Mongolen, Weißrussen und Großrussen uns beunruhigen, mir ist es grimmig recht, dass ich Angst habe und dass alle Angst haben, und vor allem passt es mir, dass es für meinen Mann gefährlich ist, auf die Straße zu gehen.«[10]

Der Ehemann bleibt, bleibt untreu. Nach Kriegsende stehen sie da, ausgespuckt vom Schicksal, und fühlen sich wie Sieger, *weil Hitler endlich tot ist.* Gemeinsam beweinen sie ihre ersterbende Liebe, während Kriegsgefangene hungrig, zerlumpt und verletzt über den Stephansplatz humpeln,

> »zusammen mit Kühen und Schafen, dem lebenden Proviant, vom Balkan heraufgetrieben von kräftigen Ukrainern, die mit nackten Oberkörpern auf

requirierten Pferden saßen und mit der Nagayka auf ihre Mitmenschen einschlugen«.[11]

»Wer den Krieg überlebt hat«, notiert Dorothea Zeemann in einer späten Erzählung, »nimmt Schicksal für sich in Anspruch«, es gelte aber nichts mehr. Tausende Kriegsgefangene und viele der Vertriebenen kehren nach Wien zurück. Auch Hilde Spiel kommt wieder. Die Nachkriegsjahre umschreibt die spätere Vertraute als kurzlebige Phase, »da es allenthalben in den Trümmern grünte«. Sie findet die Stadt »verödet« und »herabgekommen« und hungrige, elende Menschen, dankbar fürs nackte Leben, aber auch Grund zur Hoffnung, und, anstelle der »altbekannten Wiener Bosheit, Tratschsucht und Missgunst«, eine »Würde des Unglücks«. Das Land besinnt sich seiner früheren Geistesgrößen: Schnitzler, Hofmannsthal, Polgar und nicht zuletzt Friedell – all die letzthin »Verfemten« spielt und liest man wieder: Was zu jener Zeit noch nicht *Wiedergutmachung* heißt, wird bereits eifrig betrieben.[12]

Dorothea Zeemann wird sich Jahrzehnte danach in *Jungfrau und Reptil* einen Kinobesuch mit ihrem Ehemann und dessen Geliebter Mimi in Erinnerung rufen:

»Die Regierung flimmert vor uns auf der Leinwand: Renner, Schärf, Kunschak, Koplenig. Die Hymne rührt an unseren geschwächten Nerven. Österreich ist wieder Österreich. Unsere Augäpfel schwimmen heiß und feucht. Eine Flaggengala: Marschall Konjew, Blagadatow. Frieden und Freude! Rudolf sitzt zwischen mir und Mimi. Ich empfinde die Eintracht der beiden wie Durst in der Wüste und lege meinen Schenkel an Rudis Schenkel. Er rückt ganz vorsichtig ab, und mir wird windelweich in der Mitte meines Leibes, im Kopf bin ich schwindelig. Ich zwinge mich zur Konzentration auf den Film und sehe bleiche Knochen auf einem grauen Haufen, und ich erkenne auch Skelette, die nicht nackt sind, und Totenschädel, die blicken, und runde feuchte Bäuche, von Gebeinen getragen. Menschen! Kinder! Sind das wirklich Kinder? Mir rinnt es übers Gesicht, salzig über die Lippen. Rudolf schließt die Lider. [...] Wir sehen, wir kriegen vorgeführt, wie die Russen die Insassen des Lagers Mauthausen befreit haben. Auf Pritschen kraftlos liegend blecken die Erlösten, als freuten sie sich, die Zähne und begreifen noch nicht so ganz, dass es für sie vorbei ist. [...] Wir sehen ein Massengrab, in das gestiefelte Deutsche hineinschließen. Da rennen einige Zuseher aus dem Kino und schreien laut: ›Das ist nicht wahr, das ist gefälscht!‹«

Ottilie. Ein Schicksal um Goethe erscheint 1949. Im selben Jahr erreicht Dorothea Zeemann die Nachricht vom Tod ihres Mannes im Kufsteiner *Egon-Friedell-Haus*. Sie weilt dort mit Walther Schneider. Er hat den Krieg überlebt, den ihr Ehemann *schwänzte*, war ihr nach seiner Rückkehr zum Gefährten geworden. Bei Holzingers Begräbnis drückt sie unzählige Hände, betäubt mit Valium, den Blick durch den Trauerschleier. Der Staat bezahlt die Bestattung. Sie besorgt sich ein Hündchen.

Leidenschaften

Die Geldnot nach Holzingers Tod zwingt Dorothea Zeemann zu lohnenden Tätigkeiten. Sie schreibt für Presse und Rundfunk – Buchbesprechungen, Theaterkritiken und einige Kurzgeschichten –, pflegt Umgang mit Prominenten, Denkern und Gelehrten, hungrig nach Abenteuern.

Immerhin taugen die Männer, ihr Genuss zu verschaffen. Jeder einzelne habe sich *ausgezahlt*, resümiert sie mit achtzig im Radioporträt, sie könne sich nicht beklagen. Alle seien Künstler gewesen, hätten genau *gewusst, wo sie hingreifen müssen*. Den Kampf gegen falsche Scham bezeichnet sie als Berufung. Zumindest sei die Verdammung erotischer Welterfahrung die Ursache großen Unglücks. Natürlich habe es auch Enttäuschung gegeben. Als der Ehemann zum jüngeren Mädchen ging, sei sie ausgerastet, *total aus dem Häusl* gewesen. Indem er von ihr verlangte, den Verrat hinzunehmen, habe sie begriffen, wie selbstsüchtig Männer denken.

Die Einsicht schlägt sich später in ihren Texten nieder, etwa wenn sich eine Romanfigur ereifert:

»Wie sich die Männer gleichen! Ob studiert oder nicht studiert! Alle gleich! Ihre Eitelkeiten, ihre Reaktionen! Und ihre Vorstellungen von Liebe! – Ja, da hat man nun die Söhne! Und die werden auch nicht anders!«

Beim Schreiben dieser Zeilen, sie stammen aus *Uriel*, einem Romanmanuskript, dessen Publikation sie zeitlebens ablehnt, ist Dorothea Zeemann ungefähr Mitte sechzig – und um eine bedeutende Beziehungserfahrung reicher.

Im Jahr 1955, Österreich feiert seine wiedererlangte Freiheit, kommt es nach einer Lesung des Schriftstellers Robert Neumann zur schicksalhaften Begegnung. Sie habe wild geklatscht, wird sie später ausführen, da seien ihre Hüften mit denen des Sitznachbarn eben zusammengestoßen. Das habe ihm gefallen. Erst Walther Schneiders Erkundigung, was denn *der Doderer* wolle, habe sie darauf gebracht, wen sie neben sich hatte. »Wenn einer was wert ist«, notiert sie in ihrer Rückschau, »darf er auch unverschämt grinsen.« Er darf dann auch Hände küssen und die Dame tätscheln. Sie habe das Leben mit Heimito von Doderer ungestüm genossen, erzählt sie mit Anfang achtzig. Er habe gewollt, dass sie isst, Brandteigkrapferln zum

Beispiel, mit Schlagobers und Schokolade. Da sei sie dick geworden. Hummercocktails, Roastbeef, Rosen und Champagner … Im Erinnerungsbuch *Jungfrau und Reptil* ist auch von Freunden die Rede, die den neuen Geliebten nur seines Erfolgs wegen dulden: Verdattert sitzen sie versammelt zum Fünfuhrtee der *bei vollem Bewusstsein in den Falschen* Verliebten, »nach Irrfahrten, missglückten Selbstmorden, nach Reisen durch die halbe Welt, unfreiwilligen, versteht sich, die Verwandtschaft vergast« – und »schauen degoutiert auf den Konservativen mit seinem teilweisen Einverständnis, dass es Kriege immer geben wird, weil sie der menschlichen Natur entsprechen«.

Der Angestoßene zieht sich aus der Affäre, empfiehlt sich mit *großer Geste.* Die Freunde der Gastgeberin bezeichnet er ihr gegenüber nachher als seine *Feinde.* Doderer habe ihr wütend vorgehalten, ihn solchen auszusetzen, schreibt Dorothea Zeemann. Dass er bald darauf beim Lesen der *Ottilie* feuchte Augen kriegte, habe ihr geschmeichelt, dennoch sei ihr das Buch eher peinlich geblieben.

Begabung bescheinigt sie anderen, vor allem den jungen Männern, die sich zu jener Zeit um H. C. Artmann tummeln. Sie schreibt eine Rezension über die *Wiener Gruppe* – die Bezeichnung selbst soll auf sie zurückgehen –, sucht Doderer zu begeistern. Die herrschenden Konservativen rümpfen ihre Nasen, während sie hingerissen an den Jungen schnuppert:

> »Ihre Haut ist glatt, auch unrasiert ist sie glatt, und ungewaschen riechen sie frisch, auch wenn sie stark riechen. Sie bewegen sich flink, immer animiert, nichts hemmt sie, ihre Allüre, ihren Ritus, ihren Stil ...«

Doderer und Schneider erscheinen ihr plötzlich ältlich. Sie unterstellen ihr, die neu entdeckten Talente nicht für ihr Können zu lieben, sondern für ihre Jugend. Sie leugnet vehement, will deren *Schönheit nicht schänden*, sich nur am Feuer wärmen, das sie entzündet haben:

> »Hauptsache, Achleitner, ›Achi‹ steht im blauen Baumwollanzug in meiner kleinen weißen Tür, blond und rotgesichtig, leicht vibrierend wie ein angekickter Fußball, federnd wie ein Torhüter. Er lacht verschmitzt und verstreut Pointen. Hauptsache, Rühm sitzt da wie ein verirrter Dandy mit römisch asketischem Antlitz und rezitiert intelligent und gekonnt Pornografisches und Politisches,

> singt ein Chanson oder streitet um einen Bindestrich in einem Lautgedicht. […] Ein Jammer, dass ich nicht zu ihnen gehöre.«

Zur *Gruppe* gehören im Übrigen auch Konrad Bayer und Oswald »Ossi« Wiener. Dorothea Zeemann schwärmt von ihrer Unschuld. Wer den Krieg nicht erlebt hat, hat in ihren Augen auch nichts gutzumachen:

> »Meine jungen Dichter machen keine ›Aussagen zur moralischen Lage‹, sie tun nicht mit, sie spielen nicht mit im gehobenen Journalismus, sie reden nicht zum Tag und seinen Problemen – sie haben keine flinke Moral und keine pathetische Klage. Sie treiben mit Entsetzen Scherz, und mir ist das lieber als die makabre Sentimentalität der ›Todesfuge‹.«

Ihre Bemühungen, die Dichter der *Wiener Gruppe* mit Franz Theodor Csokor im PEN-Club zusammenzubringen, scheitern am Starrsinn der Jungen und dem der alten Meister, die sich in der Pflicht sehen, den Gedächtnisschwund der neuen Wohlstandsepoche nach Kräften aufzuhalten. Bedauerte Hilde Spiel nicht längst den Verrat an der *utopischen Hoffnung* der ersten Nachkriegsjahre?[13]

Von Irren und anderen Ehrenwerten

1959 erscheint Dorothea Zeemanns zweiter Roman *Das Rapportbuch*. Er spielt in der Zeit vor dem *Anschluss* in einer Irrenanstalt. Menschen aller Gesellschafts-, Gesinnungs- und Altersgruppen treffen hier aufeinander, exaltierte Naturen, Gestrauchelte und Künstler. Sie suchen in der Anstalt »die Geborgenheit eines Krankenhauses oder eines Gefängnisses«, während sich vor der Tür, im vermeintlich Normalen, der letztliche Irrsinn ereignet. »Hier war es unheimlich wie überall in der Freiheit.« Die Hilflosigkeit der Helfer kommt wiederholt zur Sprache. Ein Arzt meint zu einem Künstler, für ein *Genie* wie ihn leider *kein Kraut* zu haben. Er möge sich selbst beherrschen mit Beruhigungsmitteln, wenn er sich nicht ertrage.

Akribisch wird im Buch die Atmosphäre einer Menagerie geschildert, das Gekreisch und Gebrabbel völlig *vertierter Geschöpfe*, etwa der *röhrende Aufschrei* einer Zelleninsassin, in den sich die Schlafenden *kuscheln*, während sich die Wachen durch ihn aus der Lethargie ihrer Dämmerung retten. Das Wilde, Böse, Irre, das ganze brodelnde Chaos, bockend und randalierend in einem dumpfen Brausen – es blickt aus rastlosen Augen und flackert aus fahrigen Gesten, und wird doch gebändigt vom *triumphierenden Blitzen der geputzten Geräte*, dem *spiegelnden, hellen* Boden, dem *schimmernden* Lack an den Wänden mit ihrem *Zwang zur Ordnung*. Dagegen empfindet der bange jüdische Arzt die durch die Anstaltsgänge wabernden Weihrauchschwaden als »betäubende Droge, als Verschwommenheit, als gefährlichen Dunst eines Aberglaubens«. Hitlers Stimme dröhnt aus den Rundfunkgeräten, wirft die Frage auf, ob ein jüdischer Arzt überhaupt flüchten darf: »Wo hört die Klugheit auf und wo beginnt die Feigheit?«

Was Dorothea Zeemann vom systematischen Morden der NS-Psychiatrie als gelernte Pflegerin und Krankenschwester im Kriegsnotdienst gehört oder bezeugt hat, muss dahingestellt bleiben. Derlei wird weder in *Einübung in Katastrophen*, wo sie die eigene Arbeit mit »Narren« und »Irren« schildert, noch im Roman angedeutet. Dass sie während des Schreibens von der Pflegerin wusste, die an der Irrenanstalt des größten Spitals in Kärnten hunderte kranke Menschen vorsätzlich ermordet hatte, ist nur zu vermuten.

Zeitungen hatten vom einstigen Todesurteil gegen die Oberschwester Ottilie Schellander im Jahr 1946 umfangreich berichtet, auch von ihrer Begnadigung durch den Präsidenten zu zwanzig Jahren Kerker. Vier Jahre vor dem Erscheinen des Romans *Das Rapportbuch* kommt es für Schwester »Otti« allerdings noch besser: 1955, auch davon wird berichtet, beginnt sie ein Leben in Freiheit.

Das Publikum sieht im *Rapportbuch* den »literarischen Durchbruch« Dorothea Zeemanns, aber von Doderers Gnaden. Der Roman, wird kolportiert, trage seine Handschrift. Sie selbst bezeichnet ihn als *hilflose Imitation des Romanschreibens*, »ein zusammengequältes, angepasstes Buch, jeden Satz könnte ich auf das boshafteste analysieren und gegen mich kehren, gerade weil ich gar nicht darin vorkomme …«, bestreitet jedoch stets, Doderer ihre Karriere als Schriftstellerin zu verdanken – und nennt einen anderen Beirat: Sie »brauche für jede Zeile Walthers Absolution«, da sie von dem, was sie schreibe, *niemals überzeugt* sei und sich *immerzu quäle.*[14]

Zwanzig Jahre vergehen, bis sie ihr nächstes Buch vorlegt. Die Zwischenzeit ist bewegt. Sie *trommelt* weiterhin für die *Wiener Gruppe*, schreibt ab und zu Artikel unter Doderers Namen, verbringt die Nächte mit ihm, streitet mit Walther Schneider. Sie hungere nach Nähe, erklärt sie hinterher, und Nähe bekomme sie, wenn sie jemand brauche, wozu auch Missbrauch zähle. Gleichzeitig räumt sie ein, Doderer zu benutzen. Am 23. Dezember 1966 stirbt er siebzigjährig.

Franz Schuh, den sie bald darauf fürsorglich an sich bindet, wird sich nach ihrem Tod auf den Standpunkt zurückziehen, sie sei in Bezug auf Doderer weniger souverän als behauptet gewesen. Es habe sie verletzt, dass Doderer vor seinem Tod die Nähe der Ehefrau suchte. Dem ist entgegenzuhalten, dass sie die Kränkung durchaus unumwunden zugab und den *Verrat* beklagte, den *Vertrauensbruch*, die *Vernichtung* dessen, was sie getragen hatte. Die Krankenschwester will sich »auch als Konkubine an sein Schmerzenslager setzen«, darf den siechen Geliebten aber nicht länger halten und ringt nach Erklärungen für die bittere Versagung. »Seine Alte will nicht? Er will es nicht!«, räsoniert sie. »Die Bürger halten auf Ordnung, Nachruf, Ruhm, Ehrenbegräbnis«, ätzt Walther Schneider zufrieden. *Die Reputation verlangt es.* Der Bürger will *anständig enden.*

Einmal noch kommt er vorbei. Nachts, heimlich mit dem Taxi. In *Jungfrau und Reptil* gerät die Stippvisite zum tragischen Schlusspunkt der Liebschaft:

»Er kommt nicht aus seiner Einsamkeit, sondern aus seinem nunmehr bürgerlich geregelten Greisendasein, das schon seit Tauf- und Trauschein hinein in die Familiengruft führt. Sein Tagesablauf ist administriert. Er stolpert mit schlotternden Knochen, in seinen Hautsack geschrumpft, in der Mitte zusammengerutscht, ohne Taille, aber grimmigen Antlitzes zu mir herein und wirft seine Arme um mich [...]. Er drückt sich an mich, riecht nach Alter, Moder, Sperma und Urin. Ich spüre, was er mir beweisen will, und schiebe ihn sanft von mir. Ich höre seinen Stolz knacken, und ich sehe es in seinen erbosten Augen, wie er uns, alle die Frauen auf seinem Weg, ›Scheißweiber‹ nennt, alle, denen er kratzfüßig und voller innerem Hohn die Hände küsste. Im Barmen über seine Tränen – er weint aus Selbstmitleid und Wut – schmilzt mein Zorn. Das Eis zergeht, und ich lasse ihn auf mir ächzen und stöhnen. Er beweist es mir.«

Für Dorothea Zeemann beginnt nach Doderers Tod eine Ära der Freiheit. Sie erbt ein kleines Vermögen von einer alten Freundin, ist in der Volksbildung tätig, macht die Führerscheinprüfung. Ab 1970 ist sie Generalsekretärin des österreichischen PEN-Clubs.

Zum Jahresende stirbt Gefährte Walther Schneider. Sie ist nun viel auf Reisen, schätzt immer noch Gesellschaft, obwohl sie damit hadert, oft klein beizugeben. Ihre Funktion im PEN-Club legt sie nach zwei Jahren zurück. Peter Hamm sieht ihren politischen Eifer als Hauptgrund. Außerdem hätten ihr die alten Herren des Clubs die Freundschaft mit den Jungen beharrlich krummgenommen.[15]

Wohl nicht von ungefähr entsteht zu jener Zeit ein Romanmanuskript, das wohlweislich unter Verschluss bleibt, diesmal ein Sittenbild erlauchter Herrenzirkel. Mit kritischem Kennerblick und psychologischem Scharfsinn entlarvt Dorothea Zeemann die Machtspiele und Intrigen einer Wissenselite, die dumpf erfüllt ist vom »Mief der prostatakranken alten Herren«, »akademische[n] Achselschweiß und Glatzengeruch«. Im Mittelpunkt steht ein alter Universitätsprofessor, ichsüchtig, machtbesessen und von Ehrgeiz zerfressen, der seine Herrsch- und Quällust mit dem Leben bezahlen muss. Man findet ihn erschossen.

Auch Doderer wird erwähnt im Kriminalroman *Uriel*. Einer der Studenten nennt ihn *Kleinformat-Dämon*.

Alterswerk mit Peitsche

Zwei Jahrzehnte nach ihrem Roman *Das Rapportbuch* tritt Dorothea Zeemann 1979 abermals als Schriftstellerin in Erscheinung. *Einübung in Katastrophen* heißt ihr Lebensrückblick auf die frühe Zeit bis 1945. Er ist *Franz* gewidmet. Sechs Jahre nach ihrem Tod erzählt Franz Schuh, sie habe ihn 1973 um das Lektorat des Manuskripts gebeten, schließlich habe sie ihn, den jungen, empfindsamen Studenten der Philosophie, Geschichte und Germanistik, für ein »Genie« gehalten, ja nach Doderers Tod in ihrer näheren Umgebung nur noch Genies geduldet:

> »Wer keines war, der wurde halt, wenn sie ihn halbwegs mochte, taxfrei zu einem ernannt. So habe ich auch meinen Geniebegriff von Dorothea Zeemann: Genies sind immer jüngere Männer, denen man Geschirrwaschen nicht zumuten kann und die zweitens Schwierigkeiten haben, sowohl seelischer Art als auch damit, ihren Lebensunterhalt zu bestreiten.«[16]

Das Erinnerungsbuch *Einübung in Katastrophen* sorgt zwar für einiges Wohlwollen, aber kaum für Aufsehen. Erst als die Autorin keine drei Jahre danach mit *Jungfrau und Reptil* die Fortsetzung ihrer bewegten Lebensgeschichte nachlegt, merkt die Leserschaft auf: Heimito von Doderer, seit sechzehn Jahren tot, aber längst unsterblich, hat seinen großen Auftritt, obschon in einer Rolle, für die er nicht berühmt ist: Ein elitärer Geck schwingt sein samtenes Peitschchen, fesselt die Geliebte, arrangiert sein Lustspiel nah an der Groteske – die Zahnprothese liegt derweil auf dem Nachttisch.

Doderers Fangemeinde zeigt sich peinlich berührt, ertappt beim Blick durch den Türspalt, den zu missbilligen sie angelegentlich vorgibt. Die sexuelle Entblößung eines halbgeläuterten, bereitwillig exkulpierten wendigen Opportunisten, der mit fünfundfünfzig über die *Strudlhofstiege* emporgekommen war, um Nostalgikern, darunter auch Verfolgten, Wien wiedergutzumachen, ja, sie einzulullen in einem endlosen Sommer der sonnengefleckten Gassen und betörenden Düfte, lenkt die Blicke ab von eigentlich Skandalösem. Da wirft ein Bonvivant mit Genie-Attitüde Geldscheine aus dem Fenster eines fahrenden Taxis, um sich daran zu ergötzen, wie sich die Straßenkinder um die Almosen raufen, ohne dass jemand aufschreit, aber die Eskapaden sorgen für Empörung.

Nicht alle nehmen der verlassenen *Konkubine* die Enthüllungen übel. Manche können ihnen sogar etwas abgewinnen. So hält etwa Walter Wagner das Buch für »erschreckend geistreich« als Glanz-und-Elend-Porträt eines berühmten Geliebten, der am Krankenbett nur noch die Ehefrau duldet. Dorothea Zeemann zeige sich mit diesem Text seiner durchaus würdig.[17]

1983 folgt unter dem Titel *Eine unsympathische Frau* ein Band mit acht Kurzgeschichten. Alle handeln von Frauen, die aus Gewohntem ausscheren, sich Regeln widersetzen. Und wieder geht es um Sehnsucht und weibliche Erotik, genau wie drei Jahre später in *Das heimliche Fest*. Die Heldin des Romans erlebt ihr Begehren als Hohn angesichts ihres Alterns. Die Ermangelung von Zärtlichkeit und Nähe – ein Verlust, der die Autorin auch privat beschäftigt. Anlässlich des Erscheinens von *Eine Liebhaberin* 1989 betrauert sie die Erfahrung, etwas nicht zu bekommen, was sie sich sehnlich gewünscht hat. Es sei wie beim Juwelier, wenn man ein Schmuckstück zurücklegt, weil man es nicht bezahlen kann. Der autobiografisch unterlegte Roman zeigt ein Frauenschicksal als erotische Laufbahn, sprachlich unbehauen, frivol und unverbogen.

Gerade in einer Zeit, in der Not und Gewalt das tägliche Leben beherrschen, zeichnet sie weibliche Lust als wohlfeilen Gegenentwurf zur totalen Vernichtung.

Das letzte Buch erscheint 1991, der Roman *Reise mit Ernst*. Wieder erweisen sich Männer- und Frauenwelt für den jeweils anderen als fremd und uneinnehmbar.

Im Jahr 2010 wird auf Empfehlung Franz Schuhs posthum der Kriminalroman *Uriel* herausgegeben. Die Autorin selbst hatte sich gegen die Publikation entschieden. Dabei gehört die Geschichte zu ihren stärksten Gesellschafts- und Charakterstudien. Der mächtige Hauptdarsteller als Verkörperung eines Parade-Narzissten, der all jene beschädigt, die ihm nahekommen, sei es aus Liebe oder weil sie ihn dringend brauchen, sitzt in einer Schlüsselszene allein an seinem Schreibtisch. Seine schneeweißen Beine stecken in Pantoffeln. Er krault seine nackten Waden, findet keinen Makel. *Ich altere appetitlich*, denkt er und gefällt sich, und fühlt die *Kraft eines Jünglings* und die *Macht eines Greises*.

Frauenfragen

Dass Dorothea Zeemann Frauenrechtlerinnen nichts zu bieten hätte, wie sie einmal meinte, wäre nach dem Erscheinen von *Uriel* neu zu bewerten. Immerhin zeigt sie darin die monströse Gewohnheit patriarchaler Gewalt, seziert das Machtgefüge zwischen den Geschlechtern anhand von Alltagsszenen und lenkt den Blick auf das, was die MeToo-Bewegung Jahrzehnte später aufgreift. Der alte Professor genießt es, den jüngeren hinzuhalten, der seinen Lehrstuhl anstrebt. »Man ist nicht allein auf der Welt«, denkt er selbstzufrieden, solange ein anderer »etwas von einem will«. Auch seine Lieblingsstudentin ist auf ihn angewiesen, braucht seine Expertise für ihre Doktorarbeit. Bei einer Vorbesprechung greift er ihr an die Brust, rückt nahe an sie heran und versucht, sie zu küssen. Sie stößt ihn von sich, flieht. Er packt sie und wird *sachlich.* »Jetzt ist er böse«, denkt sie, und fasst den fatalen Entschluss, ihn abermals aufzusuchen. Zu Hause bei Frau und Sohn wäre er ungefährlich.

Die leidgeprüfte Gattin zeigt sich beinahe erleichtert, als man den Professor mit blutbesudeltem Schädel neben dem Schreibtisch findet, bedauert allenfalls, ihn nie betrogen zu haben. Was die einst liebevolle, ergebene junge Frau derart fühllos machte, tritt in ihren Rückschauen nach und nach zutage: »Was willst du …«, fragt der Mann nach der Geburt ihres Kindes, als sie sich zärtlich nähert. »Eine Frau, die geboren hat, kann ich nicht mehr zum Objekt meiner Lust erniedrigen!« Er hat sie, so wird erzählt, nur noch selten *erniedrigt* – und wenn, dann höchstens, wenn er getrunken hatte. Dann aber kommt der Tag, da der lieblose Tyrann aufgrund irgendeiner Kränkung vor einer Expertentagung nicht mehr essen will und zur Frau ins Bett kriecht, um getröstet zu werden. Sie muss sein Toben ertragen, ihm regelmäßig den Puls fühlen.

Dorothea Zeemann schildert Begebenheiten, ohne zu kritisieren oder herumzudeuteln. Man muss das Übel nicht auch noch ein Übel nennen, um es freizulegen. Die Sätze sagen alles:

> »Eine junge Frau, die ein Kind hat und einen Mann, der eine Rede vorbereitet, einen Mann, der nach Tagen der Herzschwäche und der Magen-

> krämpfe vom Podium herunter sich und anderen imponiert, eine junge Frau, der namhafte Männer die Hände küssen und versichern, dass der Ihre einer der Größten ist, die hat keine Zeit, an sich selber zu denken.«

Auch andere Geschichten zeugen von Selbstermächtigung, gerade wo sich Figuren gängigen Opferrollen selbstbewusst verweigern. Die *fähigen* Frauen, erklärt Dorothea Zeemann, kämpften sich durchs Leben, während sich die anderen durch *Geschrei* inszenierten. Die Pose der Unterdrückten verweigert sie beharrlich, wie die Protagonistin einer ihrer Erzählungen, die sich als Mädchen schwört, »nie und nimmer in das Lamento einzustimmen, sich unterdrückt zu fühlen und sich emanzipieren zu müssen«. Den Stolz aufs Geborenhaben, das Zeigen der weiblichen Leistung durch den *Einsatz der Physis*, nennt sie *Leibesübung* und wettert gegen Männer, die »beim Gebären zuschauen, um diese blutige Orgie bejahend zu genießen«.[18]

Spielt es eine Rolle, ob sich eine Autorin, die derlei zu Papier bringt, als Feministin bezeichnet? Was zählt, ist ihr Gesichtspunkt. Sie gewahrt und benennt die *Gottähnlichkeit der Männer*, den männlichen *Narzissmus* – ihrer Deutung zufolge Zeichen der Hilflosigkeit, die sich selbst entlarvten und zudem *banal* seien. Auch Nachsicht und freundliches Mitleid können Mittel der Missachtung und Rebellion sein. Zwischen Selbstbehauptung und Ergebenheit nimmt Dorothea Zeemann eine Haltung ein, die ein lustvolles Leben und Autonomie gestattet. Ein Kind von Traurigkeit will sie auf keinen Fall sein, nur weil sie laut Selbstauskunft darauf eingestellt ist, von einem Mann *abzuhängen*, sich *Hetäre* nennt oder sogar *Geisha*.

Wie sie zum eigenen Vorteil in ihre Rollen schlüpft, hat etwas Gewandtes: Die *Krankenschwesternatur*, erklärt sie im Radioporträt, habe sehr viel Mitleid, erhebe sich allerdings gerne über andere, erlange große Macht, ähnlich Mutter Theresa. Dargestellt wird die Lust an helfender Tyrannei an einer der schrägsten Figuren im Roman *Das Rapportbuch*: Oberschwester Concha, selbst dem Morphium verfallen, beherbergt in ihrem Zimmer heimlich eine süchtige einstige Chansonette und versorgt sie rührig mit Gift aus dem Krankenhausvorrat. Ab und zu gibt sie vor, nichts für sie zu haben, um die Untertane, die sie sich hält *wie ein Hündchen*, in Rage und Verzweiflung zu bringen – und ihr im letzten Moment doch noch was hinzuwerfen.

Die Bezwingung des anderen durch Pflege seiner Schwächen und ihre Akzentuierung. Franz Schuh nennt das »Krankenschwesterliche« der Dorothea Zeemann jene Eigenschaft, mit der sie ihn seinerzeit von sich »abhängig machte« als den »Zartbesaiteten«.[19] Diese Schilderung erinnert ein wenig an *Uriel*, mit dem Unterschied, dass Dorothea Zeemann »weibliche Waffen« einsetzt. Wunderlich ist das nicht. Der Kulturbetrieb des zwanzigsten Jahrhunderts ist eine Männerdomäne. Frauen dürfen mitspielen, wo sie entweder schöntun oder wie Männer handeln. Kulturimmanenter Sexismus gedeiht gerade auch in Kreisen, die sich aufgeklärt geben, gestützt und begünstigt von Frauen, die die Spielregeln achten, um geduldet zu bleiben. Dass Dorothea Zeemann wiederholt betont, ihr Schreiben geringzuschätzen, sich als Stümperin gibt, die *für jede Zeile* die *Absolution* eines Herren braucht, und in ihrem Werk kaum eine der vielen großen schreibenden Zeitgenossinnen anführt, geschweige denn einer Lob zollt, belegt nur einmal mehr, wie sehr sie Kind ihrer Zeit ist. Hätte sie ihr Licht nicht *unter den Scheffel* gestellt, beteuert sie im Rückblick, wäre sie *draußen* gewesen – beruflich wie im Privaten. Möglich, dass sie *Uriel*, diesen pfiffigen Mordstext, der Mitwelt vorenthielt, um ihre Strategie, sich, wie sie sagt, *deppert* zu stellen, nicht unnötig zu gefährden.

Diese Verzagtheit der ansonsten nicht Zimperlichen, sie ist wohlverständlich, zieht man in Betracht, wie eng es für sie wurde, als sie ihrem *Heimito* den unverbürgten Schutz der Intimität versagte. Heute noch sitzt der Schreck über das *Doderer-Buch* manchen seiner Fans tiefer in den Knochen als seine Ressentiments, Fremdgänge, Frauenbilder oder sein Hang zum Sadismus. Erwähnt man den Namen Zeemann, folgt in den meisten Fällen ratloses Schulterzucken, ansonsten so gut wie immer der Hinweis auf das *Skandalbuch.* Alle sprechen darüber, kaum jemand hat es gelesen. Der Kritiker Peter Hamm schreibt wohlwollend differenziert: Was ihn an dem Buch schockiere, seien nicht die »Fakten, die Doderer decouvrieren«, sondern das Geständnis seiner Verfasserin, »wie liebend gerne sie diese gedemütigte Geliebte war, obwohl gleichzeitig doch ihr Verstand und ihr weiblicher Emanzipationswillen andauernd dagegen rebellierten«. Sie stelle sich diesem Konflikt »bewunderungswürdig tapfer«, sei eine Saboteurin alles Gültigen, auch eigener Überzeugungen.[20]

Die reaktionäre Kritik bringt es demgegenüber auf eine simple Formel: Ein Mann, der etwas gilt, darf auf Verschwiegenheit rechnen, selbst da, wo er seine Macht nutzt, Frauen zu verraten. Es ist die tragische

Logik einer patriarchalen, notgedrungen von Damen sekundierten Gesellschaft, deren Spiele und Machtmuster anzuzeigen als unanständiger gilt, als sich daran zu beteiligen. Der Vorwurf der »Indiskretion«, ob von früheren Gefährten wie Franz Schuh[21] geäußert, oder von einem Klüngel, der nach dem Skandal lechzt, sich aber betont empört gibt, sobald er bekommt, was er möchte, um nicht ertappt zu sein in seinem Wohlbehagen, trifft die verwundbarste Stelle einer von vornherein mit Schuld und Scham ringenden, freigiebigen Autorin. Er zeiht sie des Machtmissbrauchs der für die Männerwelt womöglich bedrohlichsten Sorte: Die illegitime Frau nutzt die Macht eines anderen, noch dazu die eines Mannes – und nicht, was noch angehen mag, bloß um emporzukommen, sondern um ihn zu stürzen.

Keine Frau im Schatten

Beim Wiederhören des *Hörbilds* anlässlich des Erscheinens von *Eine Liebhaberin* zu Dorothea Zeemanns achtzigstem Geburtstag finde ich mich bei ihr, ganz hineingezogen in ein Frauenleben, das fremd und vertraut anmutet. Eine famose Köchin sei sie gewesen, heißt es. Schon verschwimmen die Bilder und ich sitze an Tante Hannis Esstisch, es gibt Wiener Schnitzel und eine große Dose randvoll mit Vanillekipferln und Husarenkrapfen. Hanni besaß eine Lade mit Strassschmuck, falschen Perlen, Broschen und Glitzerspangen, und bei jedem meiner viel zu seltenen Besuche hielt sie mich dazu an, mir etwas auszusuchen. Nichts konnte Hanni erschüttern, keine Schlüpfrigkeit, kein noch so derbes Schimpfwort, nicht Krankheit noch Gebrechen. Nicht einmal der Tod entging der Spöttelei dieser brillanten Dompteurin meiner kindlichen Ängste. Das Ungeheuerlichste bezähmte sie fachgerecht mit einem Augenzwinkern und jenem schwarzen Witz, der alle weltlichen Schrecken ins rechte Verhältnis setzte. Wo sie nicht weiterwusste oder wenn sie irrte, lachte sie *Wos waaß a Fremda?* und gab mir die Gewissheit, nirgendwo so fremd zu sein, wie unter den Zweifellosen, die nichts anfangen konnten mit *Bettgehern*, *Sandlern*, *Hausierern* und *Neusiedlern* aus dem Osten, die oft wie Heimische hießen, aber ihre Namen noch mit Hatschek schrieben.

Vieles davon klingt an, wenn Dorothea Zeemann aus ihrem Leben erzählt, *goschert*, wie man so sagt, mit dieser Art von Schmäh, der nichts mit Schmähen zu tun hat und für den Grant entschädigt, den man den Wienern nachsagt. Sie sei nun mehr denn je aufs Schreiben angewiesen, verhelfe sich im Erzählen zu eigenen Sensationen. Was ihr zu schaffen mache: dass sie nicht ausgehen könne, Gehstock und Schmerzmittel brauche. Angst vor dem Tod? Von wegen! »Aber ich will noch nicht«, sagt die Achtzigjährige.

Ich könnte ihr stundenlang zuhören. Sie fehlen, die Zeugenberichte und prallen Sittengemälde der alten Wiener Gesellschaft, die Blicke hinter Fassaden, in die Küchen und Betten, in die Köpfe und Herzen, die einen abstoßen, ängstigen, amüsieren, verwundern, aber jedenfalls seltsam versöhnlich stimmen und weniger einsam machen.

Dorothea Zeemann verstand es wie kaum eine Zweite ihrer Generation, Verhältnisse aufzudecken, ohne sich zu schonen. Sie wusste um ihren Anteil, die Zerrissenheit, den Kleinmut und ihren Hang, sich, wie sie einmal sagte, *selbstquälerisch ins Zwielicht* der eigenen Geschichte zu bringen. Im Schreiben ohne Tiefschutz war sie bemerkenswert und wahrscheinlich ohnegleichen, wie Peter Hamm vermutet:

> »[…] wo sonst noch in der reichen Bekenntnis-Literatur von Frauen fände sich etwa eine, die sich und uns ihr Verlangen nach Vergewaltigung durch einen sowjetischen Besatzungssoldaten eingesteht und die verordnete Russen-Furcht beklagt, die sie zwang, sich vor dem Ausgehen dicke Kissen unter den Rock zu stopfen, die dann jede Annäherung verhinderten und ihre Frustration verstärken mußten.«[22]

Während Hilde Spiel in *Zeit der Ruinenblumen* die klar gezogene Linie zwischen Gut und Böse nach dem Krieg hervorhob, blieb sich *die Zeemann* treu bis hin zur Selbstaufgabe dies- und jenseits der angeordneten Grenzen:

> »Ich möchte noch lange und noch viel zu lieben und zu leiden kriegen. So! Und so bete ich denn

um noch und noch Zerreißproben in Solidarität mit jedem, der leidet, und sei es ein Plünderer und Schänder, ob er nun gerichtet oder als Alibi durch die Straßen gepeitscht wird. Ich fühle mit denen, die nicht wissen, was sie tun.«[23]

Wo noch eine Autorin mit solchem Talent zum Erbarmen, eine, die Stolz und Ruf an ihre Erzählungen abtritt ohne Wenn und Aber, eine, die den Sinn der Rede zwar bezweifelt, aber nicht anders kann, als das Schweigen zu brechen, koste es, was es wolle? Dorothea Zeemann schrieb sich um Kopf und Kragen, um dem Ausbruch eines erblich angelegten Verstummens zuvorzukommen: Die Großmutter konnte nicht schreiben, erstickte an Sprachlosigkeit, befand die Enkeltochter. In *Ohnmacht* schrieb sie später: »Auch ich habe keine Sprache, ich habe die Sprache nicht, aber ich rede, ich rede, ich rede, um Sprache zu finden [...].«[24]

Die gefundene Sprache war aber keine gesuchte, mehr Zufall von Wörtern und Sätzen. Sie wollte *nicht komponieren*, sondern *spinnen und stricken* – und schrieb, als würde sie reden, schnörkellos, fast spröde, gespickt mit Kraftausdrücken, aber zwischen den Zeilen klaffte immer ein Abgrund. Sie habe ihr Talent zu geringgeschätzt, urteilt Walter Wagner.[25] Möglich, wie erwähnt, dass sie nur so getan hat, als fände sie es *genierlich*, ein selbstgeschriebenes Buch in der Hand zu halten. Eine Frau, die Tabus bricht, weibliche Lust erhöht, einen berühmten Mann vor aller Augen auszieht und die Scheinheiligkeit, in die sich mancher vor der eigenen Neugier flüchtet, als lebenszersetzend herausstellt, war zu ihrer Zeit haftbar. Heute wird eine solche mit etwas Glück bejubelt. Es ist modern geworden, schreibend aus Eigenem zu schöpfen, hart entlangzuschrammen an der eigenen Vita, je drastischer, desto besser. Annie Ernaux wurde kürzlich mit über achtzig Jahren mit dem Nobelpreis geehrt für ein ähnliches Schreiben, mit dem Blick aufs Private das Allgültige zeichnend: das Los einer ganzen Epoche in ihren intimsten Nuancen.

Dorothea Zeemann ist keine Frau im Schatten berühmter und mächtiger Männer, keine *Adabei*-Dame, sondern Teilhaberin und begabte Chronistin einer Welt von gestern, deren Verwerfungen uns zur Behutsamkeit mahnen. Sie ist heiter geblieben, trotz der vielen Häme, die ihr entgegenschäumte, geübt in Katastrophen, die ihr Gemüt, wie es scheint, unversehrt überlebte.

Es gibt ein Foto von ihr, mit Kosakenmütze im schwarzen wollenen Mantel auf einem Lehnstuhl sitzend, den Blick zur Seite gerichtet mit einem breiten Lachen. Modisch, uneitel, komisch, meiner geliebten Hanni zum Verwechseln ähnlich. Oft ging die mit uns Kindern zum nahegelegenen Naschmarkt und hielt uns dazu an, am Boden unter den Ständen nach den Münzen zu suchen, die andere verloren hatten. Einmal fand ich ein Prachtstück. Als ich es ihr präsentierte, nahm es die Tante an sich, den Blick nach allen Seiten, und zog uns eilig weiter. Ich schmollte auf dem Heimweg. Zu Hause angekommen reichte sie mir den Fund, beschwor mich wiederholt, gut darauf aufzupassen, und nannte mich ein *Glückskind.*

Bald darauf starb Hanni und mit ihr eine Zeit, die mir im Rückblick groß scheint. Der AKH-Skandal, der versenkte Frachter im fernen Indischen Ozean, Waldheim, Tschernobyl oder der junge Haider konnten dem Glückskind die Freude am Aufbruch ins Leben nicht trüben.

Groß an jener Zeit mag gewesen sein, dass man vom Heute nichts wusste, aber auch die Aussicht auf ein helles Morgen, das im Verhältnis zum Gestern nur besser werden konnte. Der Kalte Krieg fand ein Ende. Der Eiserne Vorhang fiel. Und wieder schien alles möglich: Ein demokratisches Russland, eine Ära des Friedens, die immer währen sollte, da man seine

Lektion diesmal gelernt haben wollte. Weshalb mir Tante Hanni, die jede Schillingmünze zweimal umdrehen musste, den Golddukaten damals bereitwillig zurückgab, anstatt mich mit einem anderen schönen Geldstück zu täuschen, habe ich erst später begriffen. Man wünscht sich keinen Anlass zu jener größeren Hoffnung der wirklich Leidgeprüften.

Nie wieder, die Devise, wurde zu einer Art Ohrwurm, der aber nicht dazu taugte, Rechtspopulisten vom Schüren der Glutnester abzuhalten. Dorothea Zeemann, die wache Beobachterin, war der Politik am Ende ihres Lebens überdrüssig geworden. *Obszöner als in den Betten* gehe es da zu, meinte sie mit achtzig, aber der Umweltschutz sei inzwischen ihr Thema. Wenige Tage vor der Ausstrahlung ihres Porträts, drei Jahrzehnte nach Erscheinen des *Rapportbuchs*, wurden im Lainzer Spital vier Pflegerinnen verhaftet – Krankenschwesternaturen, schwankend zwischen Mitleid, Überforderung und zynisch bemäntelter Mordlust. Keine zwei Jahre danach war Europa gescheitert, hinterrücks brach Krieg aus.

Um Dorothea Zeemann wurde es immer leiser. Zuletzt erfuhr sie wahrscheinlich vom vielbeachteten Buch *Die Freiheit, die ich meine* eines gewissen Jörg Haider, der zeitgleich ein Volksbegehren ausrief: *Öster-*

reich zuerst! Vierhunderttausend Menschen unterschrieben es im Jänner 1993. Fast ebenso viele setzten beim *Lichtermeer* ein Zeichen gegen Fremdenhass und Nationalfanatismus. Am 3. Dezember verschickte ein Heimattreuer Bomben. Eine Woche später erfolgte die Todesmeldung: »Dorothea Zeemann starb heute in Lainz nach einer längeren schweren Krankheit …«

Ausgerechnet Lainz, dachte ich – und daran, wie sie das Sterbenmüssen eine *Gemeinheit* nannte.

Unbekannt verzogen

Ihre letzte Adresse: ein Mehrparteienbau in der Hadikgasse, vierstöckig, schönbrunngelb, die Fenster im Parterre rautenförmig vergittert, grüne Sichtschutzplanen an den Balkongeländern. Im Vorgarten blühen Rosen, zwischen geparkten Autos steht eine Rosskastanie, davor die stark befahrene, zweispurige Einbahnstraße – tiefunten fließt die Wien in die Gegenrichtung. Günter Kaindlstorfer berichtete in seinem Nachruf, die Zimmer-Küche-Wohnung sei zuletzt »Pilgerstätte« für Interessierte gewesen, darunter viele junge. War es am Ende die Sehnsucht nach den alten Zeiten, die sie dazu bewog, die Gesellschaft der alten Dame zu suchen? Waren es die Anekdoten von *Hungerleidern* im Smoking, *Büffetstürmern*, *Kratzfüßlern* und notorischen *Händeküssern*? Waren es die Schlüpfrigkeiten von Huren und Katecheten, ihre stets pointierten politische Kommentare? Was würde ich selbst hier suchen, wäre die *Grand old Lady der Wiener Künstlerszene*, wie Kaindlstorfer sie nannte, nicht vor drei Jahrzehnten unbekannt verzogen? Die magische Wiedererstehung einer verlorenen Heimat aus den Trümmerbildern als Stadt des Wirtschaftswunders und der Fliedersommer …?

Ich will Dorothea Zeemann einen Besuch abstatten. Seltsame Redewendung, denke ich beim Aufbruch, als würde Schuld getilgt, indem man jemanden aufsucht. *Abstatten, abstottern, stocken.* Im dichten Gedränge der Tramway fällt es schwer, Halt zu finden. Menschen mit Einwegmasken, eine Art Schicksalsgemeinschaft, die das Gleiche im Sinn hat: von A nach B zu gelangen, wobei aber A und B jedem anderes bedeuten. Nahezu alle sind anderweitig beschäftigt, verschollen im Universum jenseits ihrer Displays. Früher, fällt mir ein, starrte man immerhin in eine gemeinsame Leere, hatte immerhin Blicke für einige der Nächsten, quirlige Kinder vielleicht, zärtliche Liebespaare oder Ausgeflippte. Ich frage mich, wohin die heutigen Schlafwandler taumeln, und denke an die Szene, in der Dorothea Zeemann ihre Tramwayfahrt nach Wien-Simmering schildert. Zu Egon Friedells Beerdigung erscheint sie in letzter Minute. Ein Aufmarsch hatte die *Elektrische* aufgehalten. Zum Glück besaß sie kein Smartphone. Wer nimmt heute Notiz von Schreiern und Marschierern, vom Unwillen zur Vergebung, von der Verknappung der Gnade? Wer führt Buch darüber?

Die Tramway hält und leert sich. In einem Blumenkiosk kaufe ich rote Nelken. Es beginnt zu nieseln. Manchmal ein Seitenblick auf die anderen Besucher, wandelnd zwischen Erlösten – Schriftstellern, Publizisten, Geheimräten, Präsidenten, Wissenschaftlern, Malern, Musikern, Komponisten, Direktoren, Sängern, Bildhauern, Staatssekretären, Advokaten, Ministern, Architekten, Sportlern, Militärpersonen, Wohltätern, Widerstandskämpfern, Mimen, Glockengießern, Nachkommen großer Söhne und Normalsterblichen … Irgendwo in der Nähe kam auch Egon Friedell im *ewigen Frieden* zu liegen.

30 B, hat es geheißen. Da in Reihe 14. Dort die Nummer 16. Das Grab ist von Efeu bewuchert, der Stein darauf hell und schlicht, leicht zurückgeneigt:

†

MALER

RUDOLF HOLZINGER

1898–1949

DOROTHEA ZEEMANN

1909–1993

Eine Frau im Ehrengrab ihres treulosen Ex-Mannes, eine Doppelwitwe ohne Berufsbezeichnung. Am Ende ihres Lebens hat sie noch einmal geheiratet. Diesmal keinen Künstler, keinen, zu dem man sich nach dem Heimgang bettet. Dorothea Zeemann wollte, wie sie sagte, keine Künstlerin sein, Schriftstellerin schon gar nicht. Die Krankenschwester sei ihr immer *lieber* gewesen, das Schreiben mehr ein *Hobby*. Sie habe nichts anderes gewollt, als *intensiv* zu leben, und wäre es ihr beschieden, noch einmal zur Welt zu kommen, würde sie das *auch tun*. Die Peinlichkeit, sollte jemand ihre gedruckten Werke für bare Münze nehmen, gestand sie zwar bedauernd. Aber, fügte sie an, »Ich würde das auch überleben.«

Anmerkungen

1 Günter Kaindlstorfer: Nachruf auf Dorothea Zeemann. In: Ö1-Mittagsjournal, 11. 12. 1993, mediathek.at.
2 Susanne Ayoub-Tiefling/Renate Zuniga: Tonspuren, Hörbilder zur Literatur – »Wenn man mich schon biografisch fragt …« Eine ins Blaue geredete Vorstellung mit gerieseltem Verkehr zu Dorothea Zeemanns 80. Geburtstag. In: Ö1, 16. 4. 1989, mediathek.at.
3 Dora Zeemann: »Friedell im Beisel«, S. 273.
4 Dorothea Zeemann: »When the Saints …«, S. 67f.
5 Dorothea Zeemann: Einübung in Katastrophen, S. 107.
6 Dorothea Zeemann: »When the Saints …«, S. 70f.
7 Dorothea Zeemann: Eine Liebhaberin, S. 109.
8 Dorothea Zeemann: »When the Saints …«, S. 70.
9 Dorothea Zeemann: Eine Liebhaberin, S. 111.
10 Dorothea Zeemann: Jungfrau und Reptil, S. 171.
11 Dorothea Zeemann: Einübung in Katastrophen, S. 164.
12 Hilde Spiel: »Zeit der Ruinenblumen«. In: Vom Reich zu Österreich Kriegsende und Nachkriegszeit in Österreich erinnert von Augen- und Ohrenzeugen, Jochen Jung (Hg.), München: Deutscher Taschenbuch Verlag 1985, S. 113–117.
13 Ebd.
14 Jungfrau und Reptil, S. 235ff.

15 Peter Hamm: »Jungfrau und Reptil – Leben zwischen 1945 und 1972«. In: Die Zeit 19/1982 vom 7. 5. 1982: zeit.de.
16 Franz Schuh: »Das Spiel ist aus«. In: Die Zeit 19/1999 vom 6. 5. 1999: zeit.de
17 Walter Wagner: Jungfrau und Reptil, Rezension, Literaturhaus Wien, 13. 2. 2013, literaturhaus.at.
18 Dorothea Zeemann: Eine unsympathische Frau.
19 Franz Schuh: »Das Spiel ist aus«.
20 Peter Hamm: »Jungfrau und Reptil – Leben zwischen 1945 und 1972«. In: Die Zeit 19/1982 vom 7. 5. 1982: zeit.de.
21 Franz Schuh: »Jungfrau und Reptil«: Heimo peitscht die Hexe. Wie Dorothea Zeemann die Kunst der Indiskretion beherrscht.
22 Peter Hamm: »Jungfrau und Reptil – Leben zwischen 1945 und 1972«.
23 Dorothea Zeemann: Einübung in Katastrophen, S. 178.
24 Dorothea Zeemann: Ohnmacht. In: Eine Liebhaberin.
25 Walter Wagner: Jungfrau und Reptil.

Werke

Publikationen

Signal aus den Bergen. Erzählung. Dresden: Flechsing 1941.

Aus der Werkstatt des Künstlers. Ideen, Skizzen, Studien. Wien: Künstlerhaus 1946.

Ottilie. Ein Schicksal um Goethe. Roman. Salzburg: Pallas 1949.

Das Rapportbuch. Roman. München: Biederstein 1959 sowie Neuauflagen Frankfurt am Main: Suhrkamp 1999 und Wien: Edition Atelier 2014.

Einübung in Katastrophen. Leben zwischen 1913 und 1945. Autobiografie. Frankfurt am Main: Suhrkamp 1979 sowie Neuauflage Frankfurt am Main: Suhrkamp 1997.

Jungfrau und Reptil. Leben zwischen 1945 und 1972. Autobiografie. Frankfurt am Main: Suhrkamp 1982.

Eine unsympathische Frau. Erzählungen. Frankfurt am Main: Suhrkamp 1983 sowie Neuauflage Frankfurt am Main: Suhrkamp 1993.

»When the Saints …« In: Jochen Jung (Hg.): Vom Reich zu Österreich Kriegsende und Nachkriegszeit in Österreich erinnert von Augen- und Ohrenzeugen. München: Deutscher Taschenbuch Verlag 1985, S. 67–72.

Das heimliche Fest. Roman. Frankfurt am Main: Suhrkamp 1986.

»Friedell im Beisel«. Zit. nach: Illig, Heribert (Hg.): Das Friedell-Lesebuch. München: C. H. Beck 1988, S. 273–276.
Eine Liebhaberin. Roman. Frankfurt am Main: Eichborn 1989 sowie Neuauflage München: Heyne 1995.
Reise mit Ernst. Roman. Wien: Österreichischer Bundesverlag 1991.
Uriel. Kriminalroman. Wien: Verlag Der Apfel 2010.

Hörspiele

Blumen für die Oma. Österreichischer Rundfunk, 27. 1. 1970.
Heimarbeit. Zusammen mit Franz Schuh. Österreichischer Rundfunk, 16. 9. 1973.
Gänseblümchen. Österreichischer Rundfunk, 6. 12. 1985.
Verbrennt die Hexe und schont euch. Österreichischer Rundfunk, 13. 2. 1987.

Dorothea Zeemann

20.4.1909	Dora Olga wird in Wien als Tochter von Franz Zeemann und Rosa Zeemann (Bauer) geboren
ab 1927	Ausbildung zur Krankenschwester am Allgemeinen Krankenhaus in Wien
30.9.1929	Heirat mit dem akademischen Maler Rudolf Holzinger (14.4.1898–25.8.1949)
ab 1945	Freiberufliche Schriftstellerin und Publizistin
1965–1979	Leiterin des Vortragsdienstes der Österreichischen Volkshochschulen
1970–1972	Generalsekretärin des Österreichischen PEN-Clubs
ab 1972	Mitglied der Grazer Autorenversammlung
1989	Goldenes Verdienstzeichen des Landes Wien
1993	Heirat mit Slaheddine Samaali
11.12.1993	Tod in Wien

Anna Baar, 1973 in Zagreb geboren und seither in Wien, Klagenfurt und auf der Insel Brač zu Hause, schreibt Prosa, Lyrik, Essays und Beiträge zu künstlerischen Produktionen und Ausstellungen. Im Wallstein Verlag erschienen ihre Romane *Die Farbe des Granatapfels* (2015), *Als ob sie träumend gingen* (2017) und *Nil* (2021) sowie der Erzählband *Divân mit Schonbezug* (2022).